Riccardo Renzi

Cinque saggi per l'Alighieri

La modernità di Dante a 700 anni dalla morte

pe
Primiceri
editore
PADOVA

2023 Tutti i diritti riservati.
Finito di stampare nell'agosto 2023
presso Rotomail Italia Spa – Vignate (MI)
per conto di Primiceri Editore
Via Savonarola 217, 35137 Padova
ISBN 9788833003269
Prima Edizione
www.primicerieditore.com

Introduzione

Apro la presente introduzione con delle sentite scuse ai lettori e al Sommo Poeta stesso, per il ritardo con cui ho presentato il mio omaggio alla sua grandezza. I 700 anni dalla morte di Dante si sono infatti celebrati nel 2021, il mio ritardo nella stesura dell'opera è legato al completamento di un altro mio saggio storico pubblicato con Primiceri Editore ed edito nel 2022: *Studi e riflessioni sull'evoluzione del ceto nobiliare: tra la fine del medioevo e la prima età moderna.*

Veniamo ora al lavoro. L'opera già nelle strategie iniziali si sarebbe dovuta presentare come un agile libretto di una ottantina di pagine, che fosse allo stesso tempo fruibile a tutti e che però non trascurasse la rigidità scientifica propria di questa tipologia di saggi.

La struttura dell'opera è del tutto particolare. Inizialmente si era pensato di suddividerla in tre capitoli, ma poi tale idea è stata surclassata da una più originale, cioè frammentare l'opera in cinque saggi legati e slegati tra loro allo stesso tempo. L'idea è infatti quella di permettere al lettore di leggere sia singolarmente uno dei saggi, che l'opera nella sua interezza. Ogni saggio si presenta nella sua totale indipendenza dagli altri, esaltando l'autonomia tematica della singola composizione. I singoli saggi sono il frutto di singoli studi fatti o di lezioni preparate e tenute presso il Cfp Artigianelli di Fermo[1].

Per quanto concerne i temi trattati, nel presente lavoro si è cercato, anche se impresa assai ardua, di racchiudere tutto il macrocosmo dantesco e di mettere in evidenza la sua modernità: dal Dante poeta al teologo, dal Dante politico allo storico, dal Dante filosofo al linguista, sino all'esperienza dell'esilio come fonte ispiratrice di quest'ultima. All'interno dei cinque saggi, tre li potremmo definire "convenzionali", mentre due sono quasi "azzardati" e mi riferisco ai due dedicati al parallelismo tra Dante e Kant e tra Dante e Pasolini. Nel libro si trovano rispettivamente all'inizio e alla fine dell'opera, e servono proprio a sottolineare la grande modernità nelle istanze teologiche e sociologiche di Dante. Il Sommo Poeta oggi, più che allora, è moderno e rivoluzionario, pur essendo passati più di 700 anni dalla sua morte.

Leggendo l'opera emerge la figura di Dante in tutta la sua grandezza, uomo tra gli uomini[2], in grado di trattare e argomentare qualsiasi materia sempre ai massimi livelli. L'opera si pone il complesso compito di celebrare adeguatamente il più

---

[1] Si tratta di una scuola superiore di secondo grado.
[2] Dalla lettura delle opere dantesche emerge anche tutta l'umanità del poeta, con le sue fragilità e debolezze: il lutto per la morte di Beatrice, il trauma dell'esilio, la vita condotta in forti ristrettezze economiche nei primi anni dell'esilio, ecc.

grande intellettuale mai esistito, in modo tale da trasmettere la sua grandezza e i suoi valori anche ai lettori meno esperti. Dunque, l'opera si rivolge ad un ampio pubblico, che va dai meno esperti agli amanti di Dante, dagli studenti di lettere a quelli dei licei. Concludo ringraziando il dott. Salvatore Primiceri, la sua casa editrice e tutti i suoi collaboratori, in *primis* il prof. Mirko Rizzotto, che continuano con diligenza e interesse a dare voce alle mie ricerche ormai da più di due anni.

Sperando di avervi introdotto adeguatamente alle cause e alle tematiche dantesche, auguro a tutti voi una buona lettura.

La vitalità di Dante

di Mirko Rizzotto

Nel suo *Trattatello in laude di Dante*, uno dei primi biografi dell'inarrivabile poeta fiorentino, Giovanni Boccaccio, racconta che, in seguito alla morte di Beatrice (al secolo Bice di Folco Portinari, defunta a soli 25 anni, il 19 giugno del 1290), Dante «era, sì per lo lagrimare, sì per l'afflizione che il cuore sentiva dentro, e sì per lo non avere di sé alcuna cura, di fuori divenuto quasi una cosa salvatica a riguardare: magro, barbuto, e quasi tutto trasformato da quello che avanti esser solea; intanto che 'l suo aspetto, non che negli amici, ma eziandio in ciascun altro che il vedea, a forza di sé metteva compassione; come che egli poco, mentre questa vita lagrimosa durò, altrui che ad amici veder si lasciasse».

Questa forse poco nota immagine di un Dante sofferente e barbuto, in qualche modo ci richiama l'altrettanto inedita immagine di un Giulio Cesare sofferente dopo il massacro delle truppe dei suoi luogotenenti Titurio e Sabino ad opera dei Galli, motivo per cui si lasciò anch'egli crescere la barba, giurando che non l'avrebbe tagliata finché non avesse ottenuto vendetta, cosa che in effetti egli fece.

Dante, sommo poeta, filosofo e politico impegnato, non era tuttavia, in prima istanza, un uomo di guerra, nonostante la sua notissima partecipazione alla battaglia di Campaldino contro gli Aretini, sotto le insegne fiorentine capeggiate da Amerigo di Narbona (episodio che, sia detto in inciso, ispirò una terrificante leggenda raccontata abilmente da Emma Perodi, *L'ombra del Sire di Narbona*).

Il suo modo di metabolizzare il lutto (rubo l'efficace espressione dalla recente biografia dedicata a Dante da Alessandro Barbero) doveva essere necessariamente diverso, più intimo, sfociando poi, per fortuna dell'umanità intera e del popolo italiano in particolare, nella composizione di quell'indiscusso capolavoro universale che è la *Commedia*.

L'immagine del Dante dimagrito, sofferente e con la barba incolta è forse poca cosa, ma è bene per un momento sottrarla alla sola conoscenza di esperti dantisti e di studiosi blasonati per restituirla al grande pubblico, che di Dante troppo spesso ha solamente un ricordo sommario e confuso, derivante, il più delle volte, da studi liceali, frettolosi o coatti (fatti sotto una metaforica sferza di Orbilio, direbbe Orazio, ricordando il suo crudele maestro di scuola). In tal modo egli, fatto scendere dal piedistallo su cui è stato collocato dopo secoli di studi indefessi, meticolosi e ipercritici, ritorna un po' più "umano", abbordabile, vicino al sentire comune.

In questo preciso senso la presente fatica letteraria di Riccardo Renzi ci offre la ghiotta ed irrinunciabile opportunità di fare luce su diversi aspetti della cultura e della personalità di Dante, che ha percorso i secoli, spaziando dall'antica cultura romana, a cui egli attinse, fino alla profonda influenza che egli ebbe su Pasolini.

Non dobbiamo stupirci della vitalità di Dante e del suo messaggio. Non a torto, il grande filosofo Giovanni Gentile, osservava ne *La filosofia di Dante Alighieri*: «A proposito di Dante, come d'ogni altro poeta, dentro alla cui poesia non si può non vedere scorrere, quasi onda avvivatrice e fecondatrice, un pensiero. E poiché non c'è pensiero, ancorché incompiuto e particolare, che non sia un sistema e non postuli logicamente tutta una filosofia coerente, dove siano i motivi della sua verità e i fondamenti della fede con cui vien professato, — di quella fede, che non manca di certo ai poeti nell'intensità di vita spirituale che essi realizzano, — così di questo pensiero è naturale che si sia indotti a cercare e definire la forma sistematica, indagando la filosofia del poeta. Ma la poesia non è filosofia, né la filosofia è poesia: e la poesia filosofica come ogni poesia didascalica nasce morta. E quella di Dante invece è viva!».

Non potremmo essere più d'accordo: poesia viva, capace ancora di emozionare e di accendere gli ingegni, come questa raccolta di saggi dimostrerà ampiamente al lettore, accompagnandolo in un viaggio emozionante, fino «a riveder le stelle».

Mirko Rizzotto

Bistriţa, Transilvania, aprile 2023

Per una comune legge morale di Dante e Kant

Abstract:

Quale corrispondenza dalla *Comedia* e dal *De Monarchia* danteschi alla teorie kantiane sulla pace universale? Se scopriamo un sommo poeta che fu anche sommo teologo (sebbene non esclusivamente tale), nell'identità tra fede e vita sperimentata dall'autore fiorentino e trasmessa nelle sue opere, appare una concezione del mondo (generale), in cui si rispecchia la fede del singolo (particolare). Se un impianto teologico in Dante è precursore dell'esperienza palingenetica del viaggio interiore, anche in Kant l'analisi del concetto di bene spinge ad una sorta di innata (ed aprioristica) concezione divina. Così, in questa similitudine si scopre l'analogia tra i due pensatori, sigillata nella speranza e nell'auspicio di un unico regno/Stato che permetta di vivere tutti come pacifici fratelli.

Abstract:

What correspondence from Dante's Comedia and De Monarchia to Kant's theories on universal peace? If we discover a sommo poeta who was also a greatest theologian (although not exclusively so), in the identity between faith and life experienced by the Florentine author and transmitted in his works, there appears a conception of the world (general), where the faith of the individual (particular) is reflected. If a theological structure, in Dante's there is a precursor of the palingenetic experience of the inner journey, also in Kant the analysis of the concept of good leads to a sort of innate (and aprioristic) divine conception. Thus, in this similitude, we discover the analogy between the two thinkers, sealed in the hope and the wish for a single kingdom/state that allows all human kind to live as peaceful brothers.

Tutta l'opera dantesca è "Luce di Sapienza", ma è in particolare nella *Commedia* che egli mostrerà e ci consegnerà, anche nascondendola, quella Luce della Sapienza e della Conoscenza[3]. Con la *Commedia* Dante ci accompagna in quel suo personale viaggio mistico-filosofico che tutta la antichità ha, più o meno segretamente e variamente, indicato e visto: è il viaggio che ci è mostrato da Omero nella Odissea e che porta l'eroe al rinvenimento della Casa (Itaca)[4], è la "la conversione, la resurrezione" cui ha invitato Gesù, è il "passeggiare con Jhwh" ovvero il vedere un divino che è il vedersi nel divino. Dunque, non è possibile concepire l'opera dantesca senza quel supporto teologico su cui essa si fonda. A tal proposito ci sovviene in aito il passo del saggio di Nino Borsellino, *Ritratto di Dante* (1998): «Per Boccaccio Dante ha pari diritto a più titoli. Lo ricorda nella Vita (§ 2): "E di tanti e sì fatti studi non ingiustamente meritò altissimi titoli; però che alcuni il chiamarono sempre poeta, altri filosofo, e molti teologo, mentre visse". Ma è certo che dei tre solo il titolo di poeta può interamente soddisfare, e non perché

---

[3] G. Gori, *Dante, storia di un visionario*, Roma-Bari, Laterza, 2008, pp. 243-245.
[4] G. Munno, *L'Ulisse omerico e l'Ulisse dantesco: Da Omero a Dante: Conferenza letta il 23 aprile 1949*, Tipografia consorzio nazionale, 1949.

ripudi gli altri, ma perché solo esso li comprende tutti., mentre gli altri non definiscono che se stessi»[5].

Assegnare al Sommo Poeta la qualifica di teologo non vuol dire attribuire ai suoi studi un carattere specialistico, tale da considerarlo un intellettuale di mestiere: un maestro con il prestigioso diritto di occupare un insegnamento[6]. Dante, diremmo oggi, pur essendo ben nutrito di filosofia e teologia, non è un tecnico della materia. Il Poeta è però un assiduo frequentatore degli studi del convento francescano di Santa Croce e di quello domenicano di Santa Maria Novella (Dante, *Convivio*, II, XII): «E da questo immaginare cominciai ad andare là dov'ella si dimostrava veracemente, cioè nelle scuole delli religiosi e alle disputazioni delli filosofanti; sì che in picciolo tempo, forse di trenta mesi, cominciai tanto a sentire della sua dolcezza, che lo suo amore cacciava e distruggeva ogni altro pensiero»[7]. Tale assidua frequentazione permise al Poeta un notevole arricchimento culturale: le letture dei Dottori e dei

---

[5] N. Borsellino, *Ritratto di Dante*, Roma – Bari, Laterza, 2007, p. 21.
[6] È di estrema importanza fare questa precisazione a scapito di spiacevoli equivoci. Nella concezione medioevale esiste solo il teologo specialista, cioè solo colui che è riconosciuto come tale e può liberamente insegnare la materia nelle varie Università. Nel medioevo non esiste la figura dell'intellettuale odierno. Dante, pur essendo riccamente nutrito di filosofia, di teologia e del sapere del suo tempo, non può essere considerato *theologus* nel senso di un dottore-professore di discorsi teologali.
[7] D. Alighieri, *Convivio*, a cura di Gianfranco Fioravanti; canzoni a cura di Claudio Giunta, Milano, Mondadori, 2019, p. 43.

Padri della Chiesa[8]; i grandi della letteratura greca e latina, Aristotele (soprattutto l'Aristotele dell'Etica, ma anche l'Aristotele mediato dagli Arabi e l'Aristotele riproposto dalla scolastica), Virgilio, Cicerone, Stazio, Boezio, Svetonio, Anneo Floro, Tito Livio[9]; le letture delle Sacre Scritture, le conoscenze di Agostino, Alberto Magno[10], di Tommaso e Bonaventura. Inoltre Dante poté approfondire le sue conoscenze grazie alle tante lezioni e dispute tenute dai più grandi teologi e biblisti dell'epoca che operavano proprio presso i due conventi fiorentini[11]. Tra questi vi erano: i francescani Ubertino da Casale[12] e Pietro di Giovanni Olivi[13] e il tomista Remigio de' Girolami[14].

A questo punto potremmo definire Dante un teologo, ma nell'accezione *ante litteram* di libero intellettuale, egli infatti, non è espressione di alcuna "scuola", né aderisce ad alcun

---

[8] L. Pranzetti, *Dante: la Divina Commedia tra sacra scrittura, patristica e scolastica*, Vol. I, II, III, Civitavecchia, Centro incontri culturali, 2016.

[9] Per Dante e gli autori latini si veda M. Tombolini e R. Renzi, *Percorsi di trasmissione: il rapporto tra Dante e gli storici latini*, in «Scholia», (2021), anno 23, n. 2, pp. 93-109.

[10] Dante fa spesso riferimento ad Alberto Magno nel *Convivio*.

[11] Il riferimento è sempre a Santa Maria Novella e Santa Croce.

[12] A. Cocola, *Rapporto tra Dante ed Ubertino da Casale*, Monteleone, Tipografia Raffaele Rao, 1903, pp. 20-26.

[13] S. Piron, *Pietro di Giovanni Olivi e i francescani spirituali*, Milano, Biblioteca francescana, 2021, le ultime cento pagine risultano fondamentali per un'adeguata comprensione del fenomeno francescano toscano, culturalmente parlando.

[14] C. Til Davis, *Remigio de' Girolami and Dante: a comparison of their conceptions af peace*, in *Studi danteschi*, vol. 36, (1957), pp. 105-136.

specifico indirizzo. La teologia di Dante, come scrive il grande dantista del primo Novecento, Giovanni Getto, non è riconducibile a nessun sistema codificato: «sullo spirito del poeta opera il fascino di un'imponente tradizione teologica che va dalla Scrittura e dai Padri della Scolastica alla mistica [...]. Come ogni teologo, pur aderendo alla teologia dogmatica definita e pur accettando nel suo insieme tutto il complesso di articoli di fede che la Chiesa propone, si presenta sempre con una personale teologia, nel senso che egli sarà tratto spontaneamente ad insistere nella sua meditazione su un dogma piuttosto che su di un altro e ad istituire fra essi nuovi rapporti»[15]. A tal proposito risulta assai interessante la testimonianza Sigieri di Brabante posto tra gli *spiriti liberi* nel *Paradiso* (Par. X, vv. 133-138):

«Questi onde a me ritorna il mio riguardo,
è 'lume d'uno spirto che 'pensieri
grave a morir li parve venir tardo:
essa è la luce etterna di Sigieri,
che, leggendo nel Vico de lo Strami,
sillogizzò invidiosi veri»[16].

---

[15] G. Getto, *Poesia e teologia nel Paradiso di Dante*, Milano, Vita e pensiero, 1944, p. 27.
[16] D. Alighieri, *La Divina Commedia*, a cura di Enrico Malato, Roma, Sellerio, 2018, pp. 753-754.

Da ultimo definire il Sommo Poeta teologo esige richiamare l'attenzione sulla stessa dimensione dottrinale e culturale della sua teologia il cui nutrimento non si esaurisce con il solo Tomismo scolastico, ma si arricchisce dell'agostinismo francescano. La teologia dantesca non è dunque una teologia pienamente dottrinale, ricolma di tecnicismi, ma una teologia in cui vi è una compenetrazione tra il sapere e il contemplare. Diremmo oggi che la teologia del Sommo Poeta è dettata dal sapere e dalle esperienze di vita, ove la ratio del domenicano Tommaso d'Aquino si affianca l'*esprit* di Bernardo di Chiaravalle[17]. La teologia per Dante non è solo un *modus cognitionis*, ma una vera e propria esperienza di vita, come gli era stato chiaramente indicato da Bernardo.

L'attribuzione di teologo a Dante trova un non trascurabile supporto nel *Discorso sopra la prima cantica del divinissimo theologo Dante Alighieri*[18] di Vincenzo Buonanni[19] il quale più

---

[17] G. Squilla, *S. Bernardo di Chiaravalle: nell'ottavo centenario della sua canonizzazione*, in *Discorso pronunciato il 22 settembre 1974 a Casamari*, (anno 1974).

[18] V. Buonanni, *Discorso sopra la prima cantica del divinissimo theologo Dante d'Alighieri del bello nobilissimo Fiorentino, intitolata commedia*, Firenze, nella stamperia di Bartolomeo Sermartelli, 1572.

[19] Vincenzo Buonanni nasce a Firenze nella prima metà del sec. XVI da nobile famiglia, fu cultore delle lettere classiche e di quelle italiane; membro dell'Accademia fiorentina, fu in rapporti abbastanza cordiali con i letterati del suo tempo e principalmente con A. F. Grazzini. Quando, alla fine del 1550, furono eletti i riformatori della lingua fiorentina, tra cui il Varchi, il Gelli e il Giambullari, il Lasca li invitò a chiamare tra loro anche il B. e D. Mellini, "poeti egregi"; in seguito tuttavia rivide il proprio giudizio, e le aspre critiche che rivolse a tutta l'attività letteraria del

volte afferma come il Poeta utilizzi la teologia in «*miracolosa maniera*»[20] miracolosa sta per tanto nuova da trasformarne il carattere. Il sapere teologico del Poeta è un sapere a tutto campo, che ingloba tutto il macrocosmo dantesco, nel quale le questioni, i problemi, i misteri, sfociano spesso in un dubitare socratico. Il Paradiso stesso può essere definito cantico del dubbio. Quello

B. guastarono a lungo i loro rapporti, finché pare che si riconciliassero per la mediazione di Noferi Bracci. La più notevole delle opere del B. è il Discorso di V. B., sopra la prima cantica del divinissimo Theologo Dante d'Alighieri del Bello nobilissimo Fiorentino, intitolata Commedia (Firenze 1572) dedicato a Francesco de' Medici, in cui il testo dell'Inferno dantesco è accompagnato da un commento a dir poco stravagante .Nella grafia il B. attua la proposta - che già aveva provocato l'ilarità dei Fiorentini e particolarmente del Lasca - di rappresentare col nesso tz la zeta aspra; in quanto al testo e al commento, alla bizzarria delle nuove lezioni che vengono propugnate si accompagna quella delle interpretazioni, denunciando la ricerca della novità fine a se stessa e l'assoluta assenza di seri interessi critici. Il B. aveva l'intenzione di completare in seguito la sua fatica col commento delle altre due cantiche; ma l'insuccesso del Discorso e gli scherni del Lasca - che giustamente accusò il novello dantista di "voler quel ch'è chiaro intorbidare" - lo convinsero probabilmente a desistere dall'opera intrapresa. D'altronde le critiche mosse dal Grazzini, seppur talora offensive nella forma, furono sempre sostanzialmente inoppugnabili: infatti anche le rime italiane del B. - se ne può trovare un esempio nelle Notizie... intorno agli uomini illustri dell'Accademia Fiorentina, pp. 79-80 - giustificanole irrisioni del Lasca, che più volte invitò il B. ad evitare di rendersi ridicolo. Il B. si occupò anche, sempre con scarso successo, di poesia latina: un suo epigramma è nel Tempio di Donna Girolama Colonna d'Aragona, II, Padova 1569, p. 1. Altre sue poesie italiane e latine si conservano manoscritte a Firenze, nella Biblioteca nazionale (codd. II-IV.172 e II.IV.233), nella Biblioteca Marticelliana (cod. 1390, cc. 36 ss.) e nella Biblioteca Moreniana (cod. 256, cc. 143v-145v, e cod. Frullani 30, c. 42rv).
Su Vincenzo Buonanni si veda: A. F. Grazzini, Le rime burlesche, a cura di C. Verzone, Firenze 1982, pp. 99-101, 225, 402-07; Id., Scritti scelti, a cura di R. Fornaciari, Firenze 1911, pp. 177, 182-83; [I. Rilli], Notizie letter. ed istor. intorno agli uomini illustri dell'Accademia Fiorentina, I, Firenze 1700, pp. 77-80; G. Negri, Istoria degli scritt. fiorentini, Ferrara 1722, p. 525; G. M. Mazzuchelli, Gli Scrittori d'Italia, II, 4, Brescia 1763, pp. 2336-38; M. Barbi, Della fortuna di Dante nel sec. XVI, Pisa 1890, pp. 84-85, 121, 212-15; E. Pastorello, L'epistolario manuziano, Firenze 1957, p. 223.
[20] V. Buonanni, *Discorso sopra,* cit., p. 132.

dantesco è il sapere di non sapere, la conoscenza in Dante avviene proprio attraverso una sorta di "teoria del dubbio" che permette al poeta di avanzare nella sua indagine terrena. A questo punto ci sovvengono in ausilio le parole di Ètienne Gilson[21]: «*La Divina Commedia è un'opera essenzialmente poetica, non teologica: [...] essa non è una Somma ma un poema [...]. La verità vi è presente per la sua bellezza*»[22]. Di nuovo si torna a ribadire che per la critica letteraria ufficiale la *Commedia* non può considerarsi un'opera teologica, ma un poema. Però qui si parla di teologia dottrinale, teologia tecnica, mentre quella che noi vogliamo intendere è una teologia non dogmatica, una teologia della vita, fatta di sapere ed esperienze, molto simile a

---

[21] Nato a Parigi da una famiglia cattolica originaria della Borgogna, studiò nel seminario di Notre-Dame-des-Champs e terminò gli studi al liceo Enrico IV. Gilson fu allievo di Henri Bergson al Collège de France nel 1905 e professore di storia della filosofia all'Università di Strasburgo e professore di storia della filosofia medievale alla Sorbona dal 1921 al 1932 e al Collège de France. Insegnò anche per tre anni a Harvard. Fu ammesso all'Accademia di Francia nel 1947. Intrattenne un fitto ed interessante rapporto epistolare col filosofo cattolico italiano Augusto del Noce. Si dedicò soprattutto allo studio della filosofia medievale (sua la monumentale ed illuminante sintesi de "La filosofia nel Medioevo") e contribuì alla rinascita del tomismo. Della breve biografia del teologo medievale ad opera dello scrittore e giornalista inglese Gilbert Keith Chesterton disse che era "senza possibilità di paragone il miglior libro mai scritto su San Tommaso. Nulla di meno del genio può rendere ragione di un tale risultato" (in Maisie Ward, Gilbert Keith Chesterton, London, Sheed & Ward, 1944, pag. 526). Notevoli anche i suoi studi sul Discorso sul metodo del filosofo francese Cartesio. Proprio a partire da Cartesio, egli elaborò una concezione della storia della filosofia che predilige la continuità a scapito della rottura e delle rivoluzioni. Scrisse anche saggi su sant'Agostino, Pietro Abelardo, san Bonaventura, Giovanni Duns Scoto, Dante e san Tommaso, riconoscendo in quest'ultimo il primo vero esponente di una metafisica dell'essere.

[22] È. Glison, *Dante et la philosophie*, in *Études de philosophie médiévale*, Paris, Vrin, 1939, p. 22.

quella tomistica. Dante fu dunque un poeta che conosceva assai bene la materia teologica come dimostrato a più riprese anche nel *Convivio* (II, XIII,8 –XIV, 19-20,) e nella *Monarchia*.

La teologia del Poeta è definibile come «*intelligenza della fede*», ancor più è sapienza cristiana, quella sapienza cristiana che trova la sua massima espressione nel Paradiso. Dante ebbe una visone teologica *sui generis* in netta rottura con quella dogmatica, in particolare con quella dei domenicani, non va infatti dimenticato l'episodio di accusa di eresia prodotta dal domenicano Guido Vernani[23], poi tradottasi nel 1335 in una condanna da parte dei domenicani, che paragona la poesia della *Commedia* alle sirene che allontanano dalla verità assoluta divina, che può risiedere solo in Dio, dunque conoscibile solo attraverso la teologia ufficiale, quella dottrinale. In Dante l'astrattezza concettuale è totalmente assente poiché la sua teologia muove dalla fede, da cui si genera l'argomentazione stessa (Par. XXIV, 76-78):

«E da questa credenza ci convene
sillogizar, sanz'avere altra vista:
però intenza d'argomento tene»[24].

---

[23] Nasce a Rimini nel 1290. Domenicano e sostenitore delle legittimità del potere temporale della Chiesa, nel 1328 circa scrisse *De reprobatione Monarchie* composita a Dante, aspra critica del De Monarchia di Dante Alighieri. Su Verani si veda L. Sighinolfi, *Frate Guido Vernani contro Dante, in Il resto del Carlino,* 30 agosto 1925.
[24] D. Alighieri, *La Divina,* cit., p. 768.

Dalle parole dantesche emerge con prepotenza l'insegnamento di San Bonaventura da Bagnoregio[25] per il quale la teologia ha il suo fondamento nella fede. Il pensiero teologico del Sommo Poeta, che risulta impensabile se non concepito all'interno di un viaggio di redenzione e di salvezza che si distende per tutte le tre cantiche e ha nel Paradiso il suo luogo privilegiato. Tale pensiero cela in sé non solo il pensiero teologico tomistico, ma anche quello della tradizione agostiniana, della teologia

---

[25] Bonaventura da Bagnoregio (Bagnoregio, 1217/1221 circa – Lione, 15 luglio 1274) è stato un cardinale, filosofo e teologo italiano. Denominato Doctor Seraphicus, studiò e insegnò alla Sorbona di Parigi e fu amico di san Tommaso d'Aquino. Venne canonizzato da papa Sisto IV nel 1482 e proclamato Dottore della Chiesa da papa Sisto V nel 1588. È considerato uno tra i più importanti biografi di san Francesco d'Assisi. Alla sua biografia — la Legenda Maior — si ispirò Giotto per il ciclo delle storie sul Santo nella basilica di Assisi. Dal 1257 al 1274 fu ministro generale dell'Ordine francescano, del quale è ritenuto quasi un secondo fondatore. Sotto la sua guida furono pubblicate le Costituzioni narbonesi, su cui si basarono tutte le successive costituzioni dell'Ordine. La visione filosofica di Bonaventura partiva dal presupposto che ogni conoscenza inizi dai sensi: l'anima conosce Dio e se stessa senza l'aiuto dei sensi esterni. Risolse il problema del rapporto tra ragione e fede in chiave platonico-agostiniana. È venerato come santo dalla Chiesa cattolica, che celebra la sua memoria obbligatoria il 15 luglio o il giorno precedente nella messa tridentina. Su Bonaventura si veda: Arbor amoris. Der Minnebaum. Ein Pseudo-Bonaventura-Traktat, a cura di U. Kamber, Bielefeld 1964; G. Gasca Queirazza, Intorno ai codici delle Meditationes Vitae Christi..., in Arch.Franc. Histor., LV (1962), pp. 252-258; LVI (1963), pp. 162-174; LVII (1964), pp. 538-551; M. J. Stallings, *Meditationes de passioneChristi olims.B. attributae. Editae from the Manuscripts withintroduction andcommentary*, Washington, 1965; A. Kolping, Das Verhältnis desps. bonav. SermoVI de Assumptione B.Mariae Virginiszu dempseudoalbertinischenMariale..., in Zeitschrift für Kathol.Theologie, XXXVIII (1961), pp. 190-207; J. Beumer, Die literarischen Beziehungen zwischen dem Sermo VI deAssumptione B. Mariae Virginis(Pseudo Bonav.)und dem Mariale oderLaus Virginis (Pseudo Albertus), in Franziskanische Studien, XLIV (1962), pp. 455-460; G. Abate, Un sermone sulle cinque piaghe di Gesù attribuito a s. B., in Miscellanea M. dePobladura..., Romae 1964, I, pp. 151-171; S. Gieben, The pseudo-Bonaventurianwork "Symbolica Theologia"..., ibid., pp. 173-195.

monastica, della teologia mistica: Agostino d'Ippona, Pier Damiani, Alberto Magno, Sigieri di Brabante, Tommaso d'Aquino, Bernardo di Chiaravalle, Bonaventura da Bagnoregio, Riccardo di San Vittore. Dunque, alla luce di tutto ciò, il pensiero teologico dantesco è un pensiero che va oltre i tecnicismi, che scardina completamente i dettami della teologia dottrinale, poiché quella dantesca è una teologia completa, inclusiva, che racchiude in sé centinaia di anni di dissertazioni teologiche. Quella di Dante è una teologia che va oltre le singole correnti teologiche, ma è un sunto del pensiero teologico colto nella sua totalità. La teologia dantesca è dunque una teologia della vita e della fede.

A tutto ciò va aggiunto che il compito che il Poeta si è assunto non è tanto quello di spiegare, di chiarire i grandi temi della teologia, quanto piuttosto quello di contemplare, qui risiede tutta la sua potenza poetica, i misteri, i paradossi della fede. Dante accetta la fede così com'è, nella sua completezza, con i suoi misteri e i suoi paradossi. Illuminanti a tal proposito sono le parole di François Livi che afferma che se per i teologi la teologia è «*intellectus fidei*» per il Sommo Poeta è soprattutto «*affectus et pulchritudo fidei*»[26]. Il Poeta, quindi, sicuramente

---

[26] F. Livi, *Dante e la teologia: l'immaginazione poetica nella Divina Commedia come interpretazione del dogma*, Roma, Casa Ed. Leonado da Vinci, 2008, pp. 117-118.

teologo come, fra l'altro, è anche dimostrato dagli esami ai quali è sottoposto sulle tre virtù teologali: da San Pietro sulla fede, da San Giacomo sulla speranza, da San Giovanni sulla carità, rispettivamente nei canti XXIV, XXV e XXVI del Paradiso[27]. Tali esami non sono atti ad attestare solo la conoscenza teorica di tali virtù (teologia dottrinale), ma anche il loro possesso da parte del poeta, in quanto persona di fede. Le risposte che Dante fornisce alle domande di Pietro sono una vera e propria professione di fede. Naturalmente tutto ciò non ci può spingere a vedere la *Commedia* esclusivamente come un'opera teologica, disconoscendone la sua base poetica. In Dante vi è una continua compenetrazione tra poesia e teologia, e tale compenetrazione arricchisce contemporaneamente entrambe le materie, come ricorda anche Inos Biffi: «Dante è un poeta, ma la sua poesia abbellisce la teologia, la rappresenta come un canto, nella sua lirica e nella sua estetica»[28]. Tale compenetrazione molto deve a quella ideata da San Bernardo nella preghiera alla Vergine. San Bernardo[29] viene presentato da Dante sia come teologo e in particolare come *Doctor Marianus*, sia come *Doctor Mellifluus*. Dante riprese da San Bernardo sia la concezione che vede

---

[27] D. Alighieri, *La Divina*, cit., p. 753.

[28] I. Biffi, *Dante Alighieri poeta e teologo*, in *Rinnovamento della via antiqua: la creatività tra il 13. e il 14. Secolo*, Milano, Jaca book, 2009, pp. 385-459.

[29] N. Benazzi, *Bernardo di Chiaravalle: Vergine Madre, figlia del tuo Figlio*, Cinisello Balsamo, San Paolo, 2021, pp. 29-36.

l'incarnazione come processo fondante e fondamentale di tutta la teologia, sia il tema di Maria come mediatrice di Grazia[30]. Come San Bernardo nel *Sermone De aquaeductu* afferma che come l'acquedotto porta l'acqua dalla sorgente agli uomini, così Maria porta la Grazia di Cristo agli uomini, Dante in Paradiso XXXIII, vv. 10-15, dice:

«Qui se' a noi meridiana face
Di caritate, e giuso, intra' i mortali,
se' di speranza fontana vivace.
Donna, se' tanto grande e tanto vali,
che qual vuol grazia e a te non ricorre
sua disianza vuol volar sanz'ali»[31].

Estremamente interessanti risultando le parole di Maria Corti: «L'aspetto forse più affascinante del Paradiso dantesco è la realizzazione di una grande poesia costruita su due momenti dell'attività contemplativa: quello dell'*excessus mentis* o estasi mistica e l'altro della contemplazione intellettuale. Nel primo caso il poeta di fronte alla visione estatica ne dichiara l'"ineffabilità", la natura sostanzialmente indicibile [Par., I, 5-9]. [...]. Nel secondo caso, o momento della contemplazione

---

[30] Bernardo di Chiaravalle, *Il pianto della vergine e la meditazione della passione secondo le sette ore canoniche: opuscoli attribuiti a San Bernardo e volgarizzati nel buon secolo della lingua*, Firenze, Tipografia Pezzati, 1837, pp. 66-67.
[31] D. Alighieri, *La Divina*, cit., p. 762.

intellettuale, Dante riesce mirabilmente a risolvere in visione poetica temi ed argomentazioni di natura razionale, filosofico-teologica»[32].

Dopo questo *excursus* sulla concezione della fede e della teologia dantesca, giungiamo ora al *focus* della trattazione: la vicinanza nella concezione teologica tra il Sommo Poeta ed il filosofo che ha rivoluzionato la filosofia Settecentesca, Immanuel Kant[33]. Agli albori del lavoro ci si è resi immediatamente conto dell'azzardo, quasi sacrilego, nel compiere tale accostamento, ma è pur vero che tra il Poeta e il Filosofo è presente un *file rouge* del quale risulta impossibile negare l'esistenza. È dunque con il timore dell'azzardo che ci si inoltra in tale ricerca.

Come già affermato più volte in precedenza, Dante non fu un tecnico della teologia, essa non è riconducibile a nessun sistema codificato, la teologia per il Poeta non è solo un *modus cognitionis*, ma una vera e propria esperienza di vita. È proprio da tale concetto che origina il nostro ragionamento, per Dante la teologia è fede in sé ed esperienza di vita allo stesso tempo, è

---

[32] M. Corti, *La teoria del segno nei logici modisti e in Dante*, in *Quaderni del Circolo semiologico siciliano*, n. 15-16, Palermo, Stampatori tipolotografi associati, 1981, pp. 69-86.
[33] Su Kant si veda: Kant, *La religione entro i limiti della sola ragione*, Roma-Bari, Laterza, 2010; I. Mancini, *Kant e la teologia*, Assisi, Cittadella editrice, 2010; M. M. Olivetti, *Introduzione alla religione di Kant*, in Saggi, Roma, Serra, 2013.

qualcosa che si ha dentro fin dalla nascita, l'uomo aprioristicamente conosce che cos'è il bene e che cos'è il male. Questa concezione di una "morale innata" presente nell'uomo non può non richiamare quella kantiana. A tal proposito ci giungono in ausilio le parole del Mancini[34]: «Dopo aver dato vita

[34] Dopo aver studiato in Seminario a Fano si laureò in Filosofia all'Università Cattolica di Milano nella quale ha successivamente insegnato per dieci anni come assistente e docente di Filosofia della religione. Nel 1965 Carlo Bo lo vuole all'Università degli Studi di Urbino, dove insegna prima Filosofia della religione e Storia del cristianesimo, poi Filosofia teoretica presso la Facoltà di Magistero e, negli ultimi anni Filosofia del diritto presso la Facoltà di Giurisprudenza. Studioso dei massimi teologi del Novecento, ha curato le edizioni italiane degli scritti di Karl Barth, Rudolf Bultmann e Dietrich Bonhoeffer pubblicando, su quest'ultimo, anche una biografia e un'analisi dottrinale. Ha fondato l'Istituto superiore di scienze religiose di Urbino, oggi intitolato a lui, unico esempio, per molti anni, di "facoltà teologica" in una università laica. Tra i filosofi, si è dedicato molto a Immanuel Kant, pubblicando (nel 1981 e nel 1988) in due tomi Guida alla Critica della ragion pura, contribuendo notevolmente alla diffusione del suo pensiero in ambito cattolico. In questo senso è ancora più importante "Kant e la teologia", che Italo Mancini pubblicò nel 1975. In quest'opera Mancini tratta la filosofia della religione kantiana, fondata su una concezione morale rigorosa resa possibile dall'Imperativo categorico, che prospetta una trascendenza per l'uomo, attraverso i postulati dell'immortalità dell'anima e dell'esistenza di Dio. Questa filosofia della religione (in cui Kant mette in rapporto la religione razionale con la religione rivelata) si contraddistingue per i concetti di Male radicale e di Chiesa invisibile. È considerata da Mancini feconda anche per la teologia cattolica alla luce del Concilio Vaticano II. Negli anni '70 del XX secolo Italo Mancini si è anche confrontato con Marx e il Marxismo, allora dominanti nella cultura filosofica e politica italiana. In Marx, Mancini tiene in grande considerazione il concetto di Alienazione, presente soprattutto nei Manoscritti economico-filosofici del 1844. Questo concetto, che esprime l'estraneazione dell'operaio in rapporto al lavoro salariato, a causa dei modi di produzione capitalistici, capaci di sfruttare il lavoro come fosse una merce, deve essere stimolo per la Dottrina Sociale della Chiesa. Ciò che Mancini critica in Marx è l'ateismo e il materialismo; in particolare critica l'uso della dialettica hegeliana in una prospettiva materialistica (materialismo storico): questa concezione infatti mette in discussione la libertà dell'uomo, inteso come persona, riducendolo all'insieme dei suoi rapporti economici. Italo Mancini ha inoltre fatto parte della redazione della rivista internazionale di teologia Concilium. È stato autore di numerosi libri di notevole spessore e di grande successo editoriale. Ha fondato nel 1981 la rivista di filosofia e teologia Hermeneutica, che esce per numeri monografici, nota sia a livello nazionale che internazionale ed edita da Morcelliana.

a una filosofia della religione come coscienza critica della teologia nei suoi aspetti di parola, evento, comunità e comandamento, ritengo che tutto questo finirebbe nel mito o nella ideologia se non facesse i conti con il tema della *persona Dei*»[35]. Il Mancini ci dice che tutta la teologia kantiana è finalizzata alla concezione della *persona Dei*, un dubbio però sorge spontaneo, poiché è lo stesso Kant a concepire una morale cristiana già presente nell'uomo anche in assenza della religione. Su questo punto il filosofo tedesco si avvicina moltissimo alla concezione di "un buon senso" già presente nell'uomo dantesco. A tal proposito risulta illuminante il primo capitolo dell'opera kantiana *La religione entro i limiti della sola ragione*, recante titolo *Dalla coesistenza del principio cattivo accanto a quello buono o del male radicale nell'agire umano*[36], già dal titolo si evince come l'uomo tenda ad agire nel male, ma sapendo di essere nel torto, dunque conoscendo il bene come principio innato in sé. «Che il mondo si trovi in una condizione di male è un lamento vecchio quanto la storia, vecchio anche quanto la poesia, più vecchio della storia, vecchio anzi quanto la più

La sua posizione di pensiero verte su un cristianesimo di matrice liberale e democratica, d'impronta sociale, che cercava uno spazio autonomo e libero, dando un'importante risposta da credente alla cultura laicista e marxista di quegli anni sulle orme del Concilio Vaticano II.

[35] I. Mancini, *Kant e*, cit., p. 5.

[36] Kant, *La religione*, cit., pp. 17-18.

vecchia di tutte le leggende poetiche, la religione dei preti. Tutti però fanno cominciare il mondo dal bene [...]»[37]. Il mondo origina dunque dal bene, da quel principio insito nella natura umana, ma degenera nel male. L'uomo sa di sbagliare nell'agire malvagiamente, proprio perché in lui è presente quel principio del bene, un principio aprioristico di bene cristiano che esisterebbe anche nell'assenza della religione. Alla teoria di un mondo originariamente benigno che poi ha iniziato a camminare verso il male, Kant ne ipotizza una contraria: «È più recente, ma molto meno diffusa, l'eroica opinione opposta, che ha trovato credito solo presso i filosofi, e, ai nostri giorni, specialmente presso i pedagoghi: che cioè il mondo cammini precisamente nel senso inverso e vada costantemente dal male al meglio»[38]. Tale teoria origina da un semplice ragionamento, cioè che quella concezione del bene insita nell'uomo col passare del tempo divenga sempre più preponderante e vada ad influire sull'agire umano. L'uomo può assumere la legge morale che è dentro di sé come "massima" e dunque agire nel bene, oppure può ignorarla e andare verso il male: «Se egli è buono per una parte, vuol dire che ha preso la legge morale per sua massima»[39]. Il concetto della naturale predisposizione al bene, aprioristicamente

---

[37] Kant, *La religione*, cit., p. 17.
[38] Ibidem.
[39] Ivi, p. 23.

dall'esistenza della religione cristiana, viene più volte ribadito nel corso dell'opera: «Se si dice ch'egli è creato buono, ciò può solo significare ch'egli è fatto per il bene e che la sua originaria disposizione è buona»[40]. Tale teoria viene nuovamente ribadita da Kant nel capitolo recante titolo *Dalla lotta del principio buono con il cattivo per la signoria sull'uomo*: «Le inclinazioni naturali sono buone, considerate in se stesse; cioè non riprovevoli, e non soltanto è vano, ma sarebbe anche nocivo e biasimevole volerle estirpare»[41].

L'uomo ha dunque in sé il germe della bontà che gli permette di riconoscere e perseguire il bene, a questo punto risulta evidente un ulteriore punto in comune tra Dante e Kant: il tema della Pace Universale. Si passa dunque dal microcosmo del singolo individuo al macrocosmo di tutta la specie umana. Tutti gli uomini perseguendo il bene che hanno aprioristicamente in sé permettono il realizzarsi della Pace Universale. Di ciò si rese perfettamente conto il Sommo Poeta, il quale, dapprima allegoricamente nella *Divina Commedia*[42] (Profezia del Veltro in *Inf* I; struttura allegorica di *Pur* VIII1; lo stilema del DXV in

---

[40] Ivi, p.47.

[41] Ivi, p. 60.

[42] M. Manuguerra, *Il Canto VIII del Purgatorio (o l'inno di Dante alla Pace Universale)*, in *Lunigiana Dantesca*, La Spezia, Centro Lunigianese di Studi Danteschi, 2006, pp. 71-97, nonché *L'esoterismo allegorico del Canto VIII del Purgatorio e il modello dantesco della Pace universale*, su «Atrium», XI/1 (2009), pp. 57-92.

Pur XXXIII), poi con il rigore formale del trattato filosofico maturo della *Monarchia*. La grandezza della visione unitaria dantesca, un unico impero sotto il quale vivere tutti in pace e concordia, non fu mai realmente valorizzata, neanche dai più grandi studiosi, basti pensare che un pensatore come Bertrand Russel arriva a trattare l'Alighieri alla stregua di un nostalgico dell'Impero giunto drammaticamente fuori tempo massimo[43]. La visione del Russel sembrerebbe alquanto semplicistica, in quanto non riesca neanche a concepire la storia millenaria dell'impero. Lo studioso, nel riferirsi in modo evidente ai nuovi fermenti democratici dell'Età Comunale, «dimentica che la questione del Sacro Romano Impero si è conclusa soltanto nel 1806 con la rinuncia definitiva al trono carolingio da parte di Francesco Giuseppe e che l'Impero, nella sua ultima formulazione Austro-Ungarica, cessò del tutto con l'allontanamento di Carlo I seguito ai tragici fatti della I Guerra Mondiale: per nulla corretto, dunque, anzi del tutto semplicistico, liquidare con tanta facilità la lezione portata da uno dei veri Padri dell'Europa»[44].

---

[43] B. Russel, *Storia della filosofia occidentale*, Milano, Editori Associati, 1993, pp. 451-452.

[44] M. Manugerra. *Da Dante a Kant e oltre: per una filosofia risolutiva di Pace Universale*, «Atrium – Studi Metafisici e Umanistici», XV/2 (2013), pp. 86-110.

Sul medesimo piano si inserì cinque secoli più tardi la visione kantiana. Egli soprattutto nei suoi ultimi scritti appare sempre più riluttante e schifato dalla guerra. Per raggiungere l'agognata Pace Universale, Kant stabilisce una serie di norme in forza mediante le quali gli Stati possano ridurre in modo drastico le probabilità di trovarsi nella condizione di considerare nuovamente il conflitto armato alla stregua di una soluzione necessaria. Dunque il filosofo propone un modello da seguire per scongiurare la guerra. «Kant condanna espressamente l'uso del debito pubblico per finanziare campagne di guerra, considera la costituzione repubblicana un obbligo per tutte le nazioni e indica nel «federalismo di liberi stati» l'unica via operativa per giungere ad una Città dell'Uomo completamente unificata e pacificata»[45]. Senza alcun dubbio Kant può essere definito il fondatore dello Stato moderno: con il suo precetto delle costituzioni repubblicane si è fatto precursore del crollo delle monarchie in Europa e con l'idea federativa degli Stati ha posto le basi dell'istituzione di un ente come l'Organizzazione delle Nazioni Unite, il quale, pur con i suoi oggettivi limiti attuali, costituisce il primo mattone verso l'edificazione di un governo unico mondiale. Lo spirito speculativo kantiano è da inserire pienamente in quel millenario file rouge di ricerca «di una sintesi

---

[45] Ibidem; I. Kant, *Per la pace perpetua*, 1795, Milano, Feltrinelli, 2002 (I ed. 1991).

suprema tra aristotelismo e platonismo le cui soluzioni principali sono oggi riconoscibili nella stessa Divina Commedia 4 (il poema cui «ha posto mano e cielo e terra») e negli affreschi di Raffaello Sanzio nella Stanza della Segnatura 5: è proprio da questa potentissima piattaforma speculativa che trae origine il notissimo motto «Il Cielo stellato sopra si me» (il "cielo di Dante", lo stesso che è indicato da Platone in Raffaello) e «la Morale dentro di me» (la "terra" di Dante, la stessa indicata da Aristotele in Raffaello)»[46]. Si tratta dunque di una sintesi entro la quale il Cristianesimo stesso trova una delle sue legittimazioni più autenticamente universali.

Due concezioni risultano fondamentali nella teoria della Pace Universale kantiana: la prima che ciascun uomo abbia facoltà di muoversi liberamente sulla crosta del pianeta[47]; «la seconda afferma che i Filosofi, nell'esercizio del proprio impegno, devono abbattere una sola, grande barriera: quella costituita da un esercito immane di persone inette le quali, affermando l'impossibilità della Pace soltanto perché «il mondo andrà avanti così com'è andato sinora», agiscono facendo tragicamente in

---

[46] M. Manugerra. *Da Dante*, cit., p. 88; G. Reale, *Raffaello: la Scuola di Atene*, Milano, Rusconi, 1997; *Raffaello: la Disputa del Sacramento*, Milano, Rusconi, 1998; *Raffaello: il Parnaso*, Milano, Rusconi, 1999; cfr. M. Manuguerra, *L'ultimo inganno di Ulisse: una poetica neoplatonica quale*
primo livello esoterico della Divina Commedia, in «Atrium», X/3 (2008), pp. 71-104, alle pp. 97-10.
[47] I. Kant, *Per la pace perpetua*, 1795, Milano, Feltrinelli, 2002, p. 65.

modo, senza rendersene conto, che «la loro previsione si avveri»[48]»[49]. A questo punto sorge spontanea una domanda, come la dottrina dantesca dell'Impero Universale possa attualizzarsi all'interno della visione kantiana? La risposta a tale quesito risulta essere semplice: la matrice del trattato della Monarchia, l'Imperatore e il Papa posti a capo del pianeta concepito come un'unica Nazione, rimane costante e immutata nella soluzione di un Governatore del Mondo che governi tenendo sempre conto della Carta della Dichiarazione Universale dei Diritti Fondamentali dell'Uomo. Le due teorie pur partendo da presupposti differenti, essendo state concepite in tempi distanti tra loro, giungono alla medesima soluzione: la persecuzione del bene e l'allontanamento della guerra e del male.

A questo punto una nuova osservazione risulta dovuta e necessaria, quella dell'Universalità come comun divisore di tutte le teorie dei giganti del Pensiero. Essi non si riferiscono mai ad un solo microcosmo, ma sempre all'intera umanità, nella sua complessità macrocosmica: dal loro insegnamento si evince come l'elemento costituente del *Logos* filosofico, cioè Pensiero forte, sia in Fisica, come nelle discipline umanistiche, sia proprio

---

[48] S. Veca, *Prefazione a 'Per la pace perpetua' di I. Kant*, in I. Kant, *Per la pace*, cit., p. 14.
[49] M. Manugerra. *Da Dante*, cit., p. 89.

la visione universalistica e totalizzante. Risulta dunque che tutto ciò che è situato al di fuori della dimensione universale è da «ascrivere, in generale, a quel citato dominio dei "Seminatori di scismi e di discordie", cui per Dante appartiene, come ben noto, l'esemplare figura di Maometto, squartata e umiliata senza appello nella infamante profondità di Malebolge»[50]. Utilizzando un intermezzo dantesco, potremmo affermare che solo quando il Mondo sarà sorretto da un Imperatore Universale, o una figura ad esso equipollente, si potrà parlare di un'unica, grandiosa Città Ideale dell'Uomo. La persecuzione della pace mediante un ente extrapolitico e sovraterritoriale rimane necessaria in entrambi i sommi pensatori, ma il raggiungimento di tale obiettivo origina dal microcosmo umano, dall'ascoltare quella voce che risiede in ognuno di noi, che ci spinge alla persecuzione del bene. La persecuzione del bene individuale e universale rimane il fine ultimo della vita, sia in Dante che in Kant. L'uomo è nato buono e dunque è nella sua natura la persecuzione del bene. L'uomo agendo nel male va contro la sua stessa natura, andando a nuocere prima che gli altri, proprio sé stesso.

Le due teorie, i due pensieri, quello kantiano e quello dantesco, si sposano perfettamente tra loro, nel raggiungimento del fine ultimo della vita umana: la Pace.

---

[50] M. Manugerra. *Da Dante*, cit., p. 90.

Da una parte il Sommo Poeta, dall'altra il Grande Filosofo, ad una prima lettura sembrerebbero distanti, non solo temporaneamente, ma anche ideologicamente, tale distanza si va però sfaldando ad una lettura più approfondita delle loro opere: la costante ricerca del bene, ascoltando la propria voce interiore, e l'attualizzazione di questo sul macrocosmo universale.

Dante e gli storici latini: tra storiografia e leggenda

Abstract:

Il presente lavoro si propone un'attenta analisi sulla reale conoscenza degli storici latini da parte del Sommo Poeta. Per troppo tempo è stato dato un giudizio negativo sulla composizione quantitativa della sua biblioteca e spesso l'errato giudizio ha originato da un'analisi poco accorta dei testi e dall'ingiusto paragone con il Petrarca. Nel presente saggio si cerca dunque di tirare le fila del dibattito che lega Dante agli storici latini, mediante l'analisi delle fonti e la visione di contributi riguardante il tema.

Volendo nella presente trattazione affrontare il rapporto che il Sommo Poeta ebbe con gli storici latini, risulta necessario armarsi della virtù della civetta che Poliziano, nella *Lamia*, trae dall'orazione 72 di Dione Crisostomo (Δίων Χρυσόστομος)[51]: la

---

[51] Dione era originario della città di Prusa, situata nella provincia romana di Bitinia (odierna Bursa, in Turchia), Dione ebbe fama di grande eloquenza, che gli valse il soprannome di Crisostomo. Il biografo Filostrato lo include tra i retori della cosiddetta Seconda Sofistica. Nel primo periodo della sua attività, Dione, formatosi alla scuola retorica di stampo "tecnicistico" allora imperante, fu in aspra polemica contro i filosofi, in linea con le teorie di Quintiliano e con la politica di restaurazione classicista operata dall'imperatore Vespasiano. Dovrebbe essere giunto a Roma proprio sotto i Flavi, come conferenziere itinerante, recitando l'orazione funebre per Melancoma, amasio di Tito, morto nel 70 d.C. Sotto l'impero di Domiziano (81-96 d.C.), però, egli cadde in disgrazia e fu condannato ad un lungo esilio, testimoniato in alcune sue orazioni, ma del quale rimangono incerte sia le modalità esatte sia le cause. Durante l'esilio, secondo la testimonianza di Sinesio di Cirene, Dione diede "una svolta alla propria vita" convertendosi alla filosofia. In effetti, gli scritti posteriori a questo periodo rivelano un nuovo interesse per le teorie filosofiche di tipo cinico e

prudentia[52], più che un principio una vera e propria metodologia di lavoro, che nella visione dell'umanista deve saggiamente animare coloro che si affannano ad interpretare passi difficili (*multis rerum verborumque difficultatibus involuti*) e pieni di cavilli e minuzie (*scrupulosi*), in quanto l'attività dell'*interpres* è faticosa e complessa[53].

Per anni la grande maggioranza degli studiosi ha ritenuto che la biblioteca del Sommo Poeta fosse piuttosto modesta[54], soprattutto se paragonata a quella del Petrarca, noto per le sue "imprese" filologiche e per il suo intenso rapporto con l'antichità classica, con gli storici latini e con i libri (*cum libris loqui*[55]),

---

stoico, nonché influenze delle dottrine platoniche. L'esilio di Dione fu revocato alla nomina dell'imperatore Nerva, e sotto il principato di Traiano il retore recuperò appieno il suo prestigio presso la corte imperiale romana, come testimoniato da quattro discorsi sulla regalità rivolti a Traiano, forse tra il 100 e il 107, anni in cui, peraltro, come sappiamo da Plinio il Giovane, egli fu attivo politicamente nella sua città e nell'intera provincia di Bitinia, configurandosi come mediatore culturale tra le classi dirigenti provinciali e il potere imperiale.
Su Dione Crisostomo si veda: M. Capone Ciollaro, *Dione Crisostomo negli Excerpta di Macario Crisocefalo*, in *Sileno*, a. 7, n. 1/4 (1981), pp. 101-119.

[52] A. Poliziano, *Lamia: praelectio in Priora Aristotelis analytica, critical edition, introduction and commentary*, edited by A. Wesseling, Brill, Leiden 1986, pp. 18-19.

[53] Sul metodo filologico umanista si veda: I. Lana, *Filologia e umanesimo*, in *Rivista di filologia e d'istruzione classica*, A.35 n.s. <A.85> (1957), pp. 1-22.

[54] Su questo giudizio ha influito l'idea che Dante, nel periodo dell'esilio, non potesse avere accesso a molti libri e a molte biblioteche (vd. L. Gargan, *Dante, la sua biblioteca e lo studio di Bologna*, Antenore, Roma-Padova 2014, p. 3, ma anche V. Sirago, *Dante e gli autori latini*, in "Lettere italiane", 1950, p. 1).

[55] *Fam.* 3,18 (F. Petrarca, *Le Familiari*, a cura di V. Rossi, Sansoni, Firenze 1933, vol. I, pp. 138-142). Ricordiamo in questa sede quanto il Petrarca si prodigasse alla continua ricerca di libri provenienti dall'antichità caduti nel dimenticatoio. A tal proposito risulta particolarmente interessante il rapporto che ebbe con molti intellettuali europei, tra i quali Richard de Bury, che lo teneva costantemente aggiornato sulle sue nuove scoperte librarie. Richard de Bury nacque nel 1287 vicino

a Bury St Edmunds (Suffolk). Suo padre era Sir Richard Aungervyle, che discendeva da uno degli uomini di Guglielmo il Conquistatore. Aungervyle si stabilì nel Leicestershire, e la famiglia acquistò la tenuta di Willoughby. Richard fu allievo di John de Willoughby, e dopo la grammar school fu mandato all'università di Oxford, dove studiò filosofia e teologia. Divenne poi monaco benedettino alla cattedrale di Durham. Fu scelto come precettore per il principe di Galles (e futuro re) Edoardo III; secondo Thomas Frognall Dibdin trasmise al giovane principe il suo amore per i libri. Fu coinvolto negli intrighi che precedettero la deposizione di re Edoardo II, e nel 1325 a Parigi fornì denaro alla regina Isabella e al suo amante Roger Mortimer, primo conte di March, ricavandolo dalle rendite della provincia di Brienne della quale era tesoriere. Per qualche tempo dovette nascondersi a Parigi per sfuggire ai funzionari che Edoardo II aveva inviato ad arrestarlo. Quando Edoardo III salì al trono i suoi servizi furono ricompensati con importanti incarichi: fu infatti nominato tesoriere del re e, nel 1329, Lord del Sigillo Privato. Il re lo raccomandò più volte al papa e lo inviò due volte, nel 1330 e nel 1333, come ambasciatore alla corte papale di Avignone. Durante la prima di queste visite egli incontrò Francesco Petrarca, che descrisse Aungerville come "non ignorante in letteratura e fin dalla gioventù incredibilmente curioso delle cose nascoste". Petrarca gli chiese notizie su Thule, ma Aungerville, che gli aveva promesso di fornirgliele una volta rientrato in patria tra i suoi libri, non rispose mai alle sue ripetute richieste. Papa Giovanni XXII lo nominò suo cappellano principale, e gli consegnò un rocchetto come garanzia dell'impegno ad assegnargli il primo vescovato inglese che si fosse reso disponibile. La fonte principale sulla vita di Aungerville è William de Chambre, stampata in Anglia Sacra di Wharton (1691), e nella Historiae conelmensis scriptores tres, Surtees Soc. (1839), che lo descrive come uomo amabile ed eccellente, caritatevole nella sua diocesi, e generoso sostenitore di molti studiosi, tra cui Thomas Bradwardine (poi arcivescovo di Canterbury), Richard Fitzralph (poi arcivescovo di Armagh e nemico degli ordini mendicanti), Walter Burley, traduttore di Aristotele, l'astronomo John Mauduit, Robert Holkot e Richard de Kilvington. John Bale e Pits citano altre sue opere, Epistolae Familiares e Orationes ad Principes. L'inizio del Philobiblon e delle Epistolae come riportati da Bale corrispondono a quelli del Philobiblon e del suo prologo; sembra quindi che egli pensò a due opere diverse dove ve n'era soltanto una. Le Orationes potrebbero corrispondere a una raccolta di lettere, il Liber Epistolaris quondam dominii cardi de Bury, Episcopi Dunelmensis, ora di proprietà di Lord Harlech. Questo manoscritto, il cui contenuto è catalogato nel Quarto Rapporto (1874) della Historical Manuscripts Commission (Appendice, pp. 379-397), contiene numerose lettere di papi, del re, corrispondenza sugli affari dell'università di Oxford, e sulla provincia di Guascogna, oltre ad arringhe e altre lettere che evidentemente sono modelli da utilizzare in varie occasioni. È stato a volte sostenuto che il Philobiblon fu scritto non da Aungerville ma da Robert Holkot. Questa asserzione è sostenuta dal fatto che in sette dei manoscritti esistenti il Philobiblon è attribuito a Holkot in una pagina introduttiva. Poiché gran parte del fascino del libro risiede nel suo essere una involontaria testimonianza sul carattere del collezionista, se si accertasse che Holkot ne è l'effettivo autore, il suo valore sarebbe sostanzialmente alterato. Una testimonianza su Aungerville da parte del suo contemporaneo Adam Murimuth (Continuatio Chronicarum, Rolls series, 1889, p.

tanto che dedicò agli *antiqui illustriores* un intero libro delle epistole, il XXIV delle *Familiares*[56]. In realtà, la produzione di Dante in volgare e in lingua latina spinge l'attento studioso ad una dovuta riflessione sulle sue letture preliminari rispetto alla composizione stessa delle sue opere[57].

Per quanto concerne la formazione dantesca si può affermare con certezza che essa contemplò lo studio approfondito della retorica, della teologia e della grammatica attraverso la lettura degli *auctores* della letteratura latina[58]. Tra i poeti Dante predilesse Virgilio[59], sua guida e maestro (*Inf.* 2,140 *Tu duca, tu*

---

171) ne dà una descrizione meno favorevole di William de Chambre, sostenendo che egli era solo moderatamente istruito, ma desiderava essere considerato un grande studioso.

Sulla bibliofilia di De Bury si veda F. Minonzio, *Tutta la pienezza del mondo e nel libro: appunti di lettura dal Philobiblon di Richard de Bury*, in *Biblioteche oggi*, 19 (2001), n. 5, pp. 56-71.

[56] F. Petrarca, *Le Familiari*, a cura di V. Rossi, Sansoni, Firenze 1933, vol. II.

[57] Per farsi un'idea della grande presenza di autori antichi nella produzione dantesca, è possibile leggere l'elenco presente in V. Sirago, *Dante e gli autori latini*, in "Lettere italiane", 1950.

[58] Gli *auctores* rappresentano per Dante un modello e un confronto inevitabili; D. Baroncini, *Citazione e memoria classica in Dante*, Leitmotiv 2/2002, p. 153) ricorda che "nella tradizione poetica medioevale la citazione si congiunge necessariamente all'idea di *auctoritas*, della quale sembra condividere l'originaria connotazione giuridica, poiché il verbo *cito*, frequentativo di *cieo*, ovvero invocare, risvegliare, suscitare, chiamare per nome, significa anche chiamare in giudizio, invitare il testimone a comparire, o in altri termini invocarlo come autorità. E l'*auctor* è appunto il *testis* che può garantire l'autenticità delle affermazioni altrui, come un filosofo o un poeta che assume un valore esemplare per la sua dignità e forza di persuasione. Nella prospettiva di una cultura vincolata al principio d'autorità l'autore viene eletto testimone del sapere, mentre si impone la necessità della citazione per comprovare e sostenere il nuovo".

[59] L. Pranzetti, *Dante - Virgilio: corrispondenze stilistiche*, Civitavecchia, Centro Incontri Culturali, 2016, pp. 22-29.

segnore e tu maestro), Ovidio e Lucano[60]. Sicuramente meno presente nella *Commedia* risulta essere Orazio che sarà invece recuperato ed emulato maggiormente dall'altra Corona, Petrarca[61]. Il Sommo Poeta, nel *De vulgari eloquentia* (2,4,4), definisce il poeta di Venosa[62] *magister noster*, mentre, in *Inf.* 4,89, lo ricorda per la celebrità raggiunta come autore di satire (*l'altro è Orazio satiro che vene*)[63]. Più complesso e intricato è il suo rapporto che il Poeta ebbe con gli storici latini, come Sallustio, Tito Livio, Anneo Floro, Svetonio e Tacito. Nelle pagine che seguono sarà presa in esame la presenza di alcune fonti storiografiche antiche nelle opere dantesche.

Risulta piuttosto complesso il rapporto che Dante ebbe con l'opera di Floro. In *Conv.* 4,11-12, l'età dei re e quella repubblicana sono definite rispettivamente «puerizia» e

---

[60] I. Colpo, *Amore, passione, ossessione. Ovidio e Dante a confronto*, in *Miti, figure, metamorfosi: l'Ovidio di Dante*, a cura di Carlota Cattermole e Marcello Ciccuto, Firenze, Le lettere, 2019, pp. 333-345. Su Lucano e Dante si veda E. Paratore, *Lucano e Dante*, in *L'Alighieri, Rassegna bibliografica dantesca*, a. 2., n. 2, 1961.

[61] U. Dotti, *Orazio e Petrarca*, in "Orazio e la letteratura italiana", Istituto Poligrafico e Zecca dello Stato, Roma 1994, pp. 11-28; C. Villa, *«Horatius, presertim in odis»: Appunti per un colloquio inevitabile*, in "Motivi e forme delle *Familiari* di Francesco Petrarca", Gargnano del Garda (2-5 ottobre 2002), a cura di C. Berra, Cisalpino, Milano 2003, pp. 175-187.

[62] Città che diede i natali ad Orazio.

[63] Le *Satire* oraziane, insieme a quelle di Persio e di Giovenale, erano considerate delle letture obbligatorie nel *curriculum* formativo medievale per il loro contenuto altamente morale. Della vasta produzione oraziana Dante conosceva bene e più o meno direttamente soltanto l'*Ars Poetica*, mentre risulta alquanto deficitaria la conoscenza delle *Satire* e delle *Epistole*, nonché soprattutto delle *Odi* e degli *Epodi* (G. Brugnoli e R. Mercuri, *Orazio*, in *Enciclopedia dantesca*, vol. IV 1973, pp. 173-180).

«adolescenza»[64]. In questo passo Dante sostiene erroneamente di citare Livio, mentre sta citando Floro. Si evince chiaramente dal fatto che il poeta suddivide la storia romana in tre età, comparandole alle fasi della vita umana: monarchia - giovinezza, repubblica - maturità e impero – vecchiaia. Tale scansione temporale è presente solamente nell'*Epitome* di Floro (I II 8,1)[65]: *infantia, adulescentia, iuventus, senectus*[66]. Così anche in *Conv.* 4,15 parlando di Cincinnato attinge a Floro[67]. Il rifacimento a Floro è evidente, poiché soltanto lo storico latino, come Dante, insiste sulla fretta che Cincinnato sembrava avere di tornare al lavoro dei campi (*Epitome* I, 11-14)[68]. Da tale

---

[64] D. Alighieri, *Convivio*, Milano, Rizzoli, 1952, p. 243. *Convivio*, passo IV versi 11 e 12: «Che se consideriamo li sette regi che prima la governaro, cioè Romolo, Numma, Tulio, Anco e li re Tarquini, che furono quasi baiuli e tutori della sua puerizia, noi trovare potremo per le scritture delle romane istorie, massimamente per Tito Livio, coloro essere stati di diverse nature, secondo la oportunitade del procedente tempo. Se noi consideriamo poi lei per la maggiore adolescenza sua, poi che dalla reale tutoria fu emancipata, da Bruto primo consolo infino a Cesare primo prencipe sommo, noi troveremo lei essaltata non con umani cittadini ma con divini, nelli quali non amore umano ma divino era inspirato in amare lei. E ciò non potea né dovea essere se non per ispeziale fine, da Dio inteso in tanta celestiale infusione».

[65] Ivi, p. 102. *Epitome I II 8,1: «Haec est prima aetas populi Romani et quasi infantia, quam habuit sub regibus septem, quadam fatorum industria tam variis ingenio, ut rei publicae ratio et utilitas postulabat»*.

[66] Lucius Anneus Florus, *Epitome*, cit., p. 78. Si confronti Convivio IV,11-12 con *Epitome* I,4.

[67] D. Alighieri, *Convivio*, cit., p. 246. *Conv.* IV,15: «Chi dirà di Quinzio Cincinnato, fatto dittatore e tolto dallo aratro, dopo lo tempo dell'officio, spontaneamente quello rifiutando, allo arare essere ritornato?»

[68] Lucius Anneus Florus, *Epitome*, cit., p. 104. *Epitome I,11-14: «Sic expeditione finita rediit ad boves rursus triumphalis agricola – fidem numinum – qua velocitate! Intra quindicem dies coeptum peractumque bellum, prorsus ut festinasse dictator ad relictum opus videretur»*

analisi di passi, risulta palese l'utilizzo dell'*Epitome* da parte di Dante[69].

Per quanto riguarda il rapporto tra Tito Livio e Dante, la questione si fa ancora più complessa e incerta. In *Conv.* 4,11-12 il nome dello storico viene citato direttamente: «noi trovare potremo per le scritture de le romane istorie, massimamente per Tito Livio»[70]. Nel passo successivo l'autore suddivide la storia

---

[69] L. M. G. Livraghi, *Dal Convivio alla Monarchia: quale Livio per Dante?*, in *La letteratura italiana e le arti*, Atti del XX Congresso dell'ADI – Associazione degli Italianisti», (7-10 settembre 2016), <Url= http://www.italianisti.it/ Atti-di-Congresso?pg=cms&ext=p&cms_codsec=14&cms_codcms=1039>, (05/06/2021).
[70] D. Alighieri, *Convivio*, Milano, Rizzoli, 1952, p. 243.

romana in tre età, comparandole alle fasi della vita umana: monarchia - giovinezza, repubblica - maturità e impero – vecchiaia. Questa suddivisione non dipende però da Livio, ma da Floro: in questo passo, dunque, Dante non dipende da Livio, ma dall'*Epitome* di Floro[71]. L'autore, sia nell'*Inferno*, che nel *De vulgari eloquentia*, definì Livio *gestarum romanorum scriba egregius*: tale definizione spinge a pensare che il poeta avesse un'idea precisa dell'autorevolezza e del valore dello storico. Altri indizi che fanno supporre che Dante conosca l'opera di Livio giungono dalla *Monarchia*, in cui il poeta descrive i luoghi della battaglia tra Orazi e Curiazi, proprio come aveva fatto prima di lui il solo Livio. Nella *Monarchia* 2, 9,15, il poeta descrive l'evento con le seguenti parole:

Cumque duo populi ex ipsa troyana radice in Ytalia germinassent, romanus videlicet et albanus, atque de signo aquile deque penatibus aliis Troyanorum atque dignitate principandi longo tempore inter se disceptatum esset, ad ultimum de comuni assensu partium, propter

---

[71] L. Livraghi, *Dal Convivio alla Monarchia: quale Livio per Dante*, in *La letteratura italiana e le arti*, Roma, Adi editore, 2018, pp. 1-10 <Url= http://www.italianisti.it/Atti-di-Congresso?pg=cms&ext=p& cms_codsec=14&cms_codcms=1039> (19/04/2021). Dante, nel passo precedentemente citato del *Convivio*, scrive: «*Che se consideriamo li sette regi che prima la governaro, cioè Romolo, Numa, Tullo, Anco e li re Tarquini, che furono quasi baiuli e tutori de la sua puerizia*», riprendendo alla lettera il passo II, 81 dell'Epitome di Floro: «*Haec est prima aetas populi Romani et quasi infantia, quam habuit sub regibus septem, quadam fatorum industria tam variis ingenio, ut rei publicae ratio et utilitas postulabat*». La fonte dantesca fu dunque Floro e non Livio.

iustitiam cognoscendam, per tres Oratios fratres hinc et per totidem Curiatios fratres inde in conspectu regum et populorum altrinsecus expectantium decertatum est: ubi tribus pugilibus Albanorum peremptis, Romanorum duobus, palma victorie sub Hostilio rege cessit Romanis. Et hoc diligenter Livius in prima parte contexit, cuius Orosius etiam contestatur.

Gli avverbi «*hinc*» e «*inde*» denotano un'incertezza nel definire gli schieramenti degli Orazi e dei Curiazi, la stessa presente nell'opera liviana[72]. Nel capitolo IV, in cui sono trattati i miracoli e gli eventi relativi alla fondazione di Roma, il poeta utilizzò come fonti Orosio e Floro, poiché Livio nell'opera non parla mai esplicitamente della fondazione, ma si hanno solo dei rimandi. Si può concludere affermando che Dante lesse sicuramente Livio, ma non lo utilizzò come unica fonte per la storia di Roma, lo integrò infatti con Virgilio, Orosio, Floro e Lucano[73].

---

[72] D. Alighieri, *De Monarchia*, Milano, Carlo Signorelli Editore, 1956, p. 60. Si confronti il suddetto passo della *Monarchia* con ciò che scrive Livio in *Ab U. cap.* I. 23,1: «*civili simillimum bello, prope inter parentes natosque, Troianam utramque prolem, cum Lavinium ab Troia, ab Lavinio Alba, ab Albanorum stirpe regum oriundi Romani essent*».

[73] L. Livraghi, *Dal Convivio*, cit., p. 6. A tal proposito si confronti il passo del capitolo IV, paragrafo 6 della *Monarchia*: «*Quod autem pro romano Imperio perficiendo miracula Deus portenderit, illustrium autorum testimoniis comprobatur. Nam sub Numa Pompilio, secundo Romanorum rege, ritu Gentilium sacrificante, ancile de celo in urbem Deo electam delapsum fuisse Livius in prima parte testatur*», con ciò che Livio scrive in *Ab Urbe condita* cap. I. 20, 4: «*caelestiaque arma, quae ancilia*

Altrettanto problematico è il rapporto di Dante con l'opera svetoniana. Tale questione è stata affrontata in un recente studio di Luciano Canfora[74], intitolato *Gli occhi di Cesare, la*

---

appellantur». Livio non si riferisce mai esplicitamente all'evento divino, di conseguenza Dante ha attinto a tali informazioni da un'altra fonte.

[74] L. Canfora, *Gli occhi di Cesare. La biblioteca latina di Dante*, Roma, Salerno Editore, 2015, pp. 7-31. Luciano Canfora è nato a Bari 5 giugno 1942. Si è laureato in lettere classiche con una tesi in storia romana nel 1964 e consegue il perfezionamento in filologia classica alla Normale di Pisa. È professore emerito di filologia greca e latina presso l'Università di Bari e coordinatore scientifico della Scuola superiore di studi storici di San Marino. È membro dei comitati direttivi delle

biblioteca latina di Dante. Canfora, partendo dalla descrizione degli occhi di Cesare presente nel Canto IV dell'*Inferno*, risale ai testi a cui il poeta può avere attinto. Al verso 123 del IV Canto il poeta descrive così Cesare: «*armato con li occhi grifagni*»[75]; si tratta di una rielaborazione dantesca dell'espressione *nigris vegetisque oculis*[76] utilizzata da Svetonio per descrivere gli occhi del generale romano. Dante attinse sicuramente all'opera svetoniana, poiché è la sola fonte latina che fornisce un ritratto fisico di Cesare. Un'altra prova a sostegno di tale tesi si rileva nell'epistola VII indirizzata ad Arrigo VII, dove il poeta, proprio come Svetonio, commette l'errore di definire Cesare primo

---

più importanti riviste di letteratura greca e latina, annovera più di 180 pubblicazioni e costituisce un eminente punto di riferimento per gli studi filologici.

[75] D. Alighieri, *La Divina Commedia*, a cura di NATALINO SAPEGNO, Vol I, Inferno, Firenze, La nuova Italia, 1981, p. 49. Dante e Virgilio giunti ai piedi di un castello, protetto da sette cinte murarie e difeso da un fossato: «Venimmo al piè d'un nobile castello, | sette volte cerchiato d'alte mura, | difeso intorno d'un bel fiumicello. | Questo passammo come terra dura; | per sette porte intrai con questi savi: | giungemmo in prato di fresca verdura. | Genti v'eran con occhi tardi e gravi, | di grande autorità ne' lor sembianti: | parlavan rado, con voci soavi. | Traemoci così da l'un de'canti, | in loco aperto, luminoso e alto, | sì che veder si potien tutti quanti. | Colà diritto, sovra 'l verde smalto, | mi fuor mostrati li spiriti magni, | che del vedere in me stesso m'essalto. | I' vidi Elettra con molti compagni, | tra' quai conobbi Ettòr ed Enea, | Cesare armato con li occhi grifagni». Dunque, tra gli spiriti magni di Roma, il poeta inserisce anche Cesare.

[76] Svetonio, *Vita dei Cesari*, traduzione di E. Noseda, Milano, Garzanti, 2011, p. 27. Svetonio apre così il capitolo 45 della Vita di Cesare: «*Fuisse traditur excelsa statura, colore candido, terentibus membris, ore paulo pleniore, nigris vegetisque oculis, valitudine prospera, nisi quod tempore extremorepente animo linqui atque etiam per somnum exterreri solebat*». Inquesto passo Svetonio descrive fisicamente Cesare, alto, ben proporzionato, di colore chiaro anche in volto, pallore che contrastava con gli occhi neri e vivaci.

imperatore: *Caesaris et Augusti successor*[77]. Se ciò non fosse sufficiente, un'ulteriore prova giungerebbe dai versi 61-63 del VI Canto del *Paradiso*, in cui il poeta, parlando con Giustiniano di Cesare, afferma che costui, subito dopo aver preso Ravenna, guardò il Rubicone: «Quel che fé poi ch'elli uscì di Ravenna | e saltò Rubicon, fu di tal volo, | che nol seguiteria lingua né penna»[78]. Essendo l'ottavo libro del *De bello gallico* mutilo, anche in questo caso l'unica fonte che presenta la successione Ravenna-Rubicone è la *Vita di Cesare* svetoniana nei capitoli XXX, XXXI e XXXII:

Verum neque senatu interveniente et adversariis negantibus ullam se de re publica facturos pactionem, transiit in citeriorem Galliam,

---

[77] D. Alighieri, *Opere Minori*, a cura di A. Del Monte, Milano, Rizzoli, 1960, pp. 779-780. Nel passo Dante dipinge Arrigo VII di Lussemburgo come erede di Cesare e Augusto. Il poeta affermando ciò, intende inequivocabilmente che Cesare sia stato il primo imperatore di Roma.
Arrigo VII di Lussemburgo nacque nel 1275 a Valenciennes. È stato conte di Lussemburgo, re di Germania dal 1308, re dei Romani e imperatore del Sacro Romano Impero dal 1312 alla morte. Durante il suo regno cercò di rafforzare la causa imperiale in Italia, divisa dalle lotte partigiane tra le fazioni guelfa e ghibellina. Fu un sovrano colto e illuminato, perciò ispirò i componimenti di lode di Dino Compagni e Dante Alighieri.
[78] Dante, *Divina Commedia*, introduzione di I. Borzi, commento a cura di G. Fallani e S. Zennaro, Roma, Biblioteca Economica Newton, 1994, p. 470. Nel Canto VI del *Paradiso*, Dante incontra l'imperatore Giustiniano, che gli narra la sua vita (vv. 1-27), ed amplia il suo discorso tessendo la storia dell'impero romano, grande nei suoi personaggi e nella sua alta missione (vv. 28-96). In questo breve riassunto della storia romana vengono ripercorsi tutti i momenti salienti e descritti gli uomini che hanno reso grande Roma, da Scipione a Pompeo, da Cesare a Tito. Poi l'imperatore deplora le offese dei guelfi e dei ghibellini contro l'aquila (vv. 97-111).

conventibusque peractis Ravennae substitit, bello vindicaturus si quid de tribunis plebis intercedentibus pro se gravius a senatu constitutum est [...] *Consecutusque cohortis ad Rubiconem flumen, qui provinciae eius finis erat, paulum constitit, ac reputans quantum moliretur, conversus ad proximos* [...] *Tunc Caesar: « Eatur», inquit, «quo deorum ostenta et inimicorum iniquitas vocat. Iacta alea est», inquit*[79].

La successione Ravenna-Rubicone presentata da Svetonio è la stessa presente nel Canto VI del *Paradiso* dantesco; dunque, anche in questo caso il poeta attinse all'opera svetoniana. L'ultima prova dell'utilizzo della fonte svetoniana da parte di Dante proviene dal verso 70 del Canto I dell'*Inferno*, quando Virgilio afferma di essere nato sotto Giulio: «Nacqui *sub Iulio*, ancor che fosse tardi»[80]. Virgilio nacque nel 70 a.C., dunque non sotto al consolato di Cesare, ma sotto a quello di Pompeo e Crasso. Ci si chiede a cosa sia dovuta tale inesattezza e la risposta risiede nel fatto che Dante, proprio come Svetonio, considera Cesare il primo imperatore romano e dunque

---

[79] Svetonio, *Vite dei Cesari*, introduzione di S. Lanciotti, traduzione di F. Dessì, Milano, BUR Rizzoli, 2016, pp. 74-78.

[80] D. Alighieri, *La Divina Commedia*, a cura di M. Zoli e Gilda Sbrilli, Firenze, Bulgarini, 2012, p. 78. Dante smarrito, di notte, nella selva oscura, all'alba giunge ai piedi di un colle, completamente illuminato dal sole (vv. 1-27). Tre fiere impediscono il suo cammino e lo respingono verso la selva (vv. 28-60). Proprio ora compare Virgilio, che si presenta con le seguenti parole: «Non omo, omo già fui, I e li parenti miei furon lombardi, I mantoani per patria ambedui. I Nacqui *sub Julio*, ancor che fosse tardi, I e vissi a Roma sotto 'l buono Augusto I nel tempo de li dèi falsi e bugiardi».

l'iniziatore della *summa imperii* e, per questo, ritiene che l'inizio del principato di Cesare coincida con l'entrata stessa nella scena politica di quest'ultimo[81]. Va inoltre precisata l'affermazione rivolta dal poeta a Virgilio, «ancor che fosse tardi»: in questo modo il poeta latino lamenta di essere nato troppo tardi per potersi mettere in mostra di fronte agli occhi di Cesare. Dante subì l'influenza svetoniana anche per via indiretta: egli fu infatti un assiduo frequentatore e ammiratore delle opere di Pier Damiani[82], che aveva già messo a frutto la lezione svetoniana

---

[81] L. Canfora, *Gli occhi*, cit., p. 22. Qui Dante fa sua l'idea svetoniana che, una volta periodizzata e scandita la storia del principato per Cesari, il primo di essi non sia Augusto bensì lo stesso Cesare. L'unico storico latino ad aver concepito tale idea è proprio Svetonio, infatti le altre fonti, circolanti durante l'epoca dantesca, tra le quali il *Liber de Caesaribus* di Sesto Aurelio Vittore, l'*Epitome* di Floro, il *Libellus de vita et moribus imperatorum breviatus ex libris Sexti Aurelii Victoris*, il *Breviarium* di Eutropio, l'*Historia romana* di Paolo Diacono, l'*Historia Augusta,* fanno iniziare il principato da Augusto. Inoltre, l'epiteto σεβαστός utilizzato alla fine delle guerre civili da Appiano Alessandrino per indicare Augusto, certifica il fatto che l'unico ad essere degno di venerazione era Augusto e non Cesare. Svetonio, dunque, fu l'unico a dissentire su questo principio comune a tutti gli altri storici; infatti, per egli esiste un principio di assoluta continuità tra Cesare e Ottaviano, sancito dall'adozione, principio fatto proprio anche da Dante.

[82] A. Gatto, *Pier Damiani: una teologia dell'onnipotenza*, Roma, Aracne, 2013, pp. 3-14. Fonte principale per la ricostruzione della vita di Pier Damiani è la biografia realizzata dal discepolo e suo segretario Giovanni da Lodi. Pietro Damiani nacque nel 1007 a Ravenna. Proveniva da una nobile famiglia ravennate caduta in disgrazia. Dal 1022 al 1025 studiò a Firenze, si spostò poi a Parma per studiare le arti del trivio e quadrivio. Terminati gli studi a Parma tornò a Ravenna, dove dal 1032 al 1035 si dedicò all'insegnamento, proprio in questo periodo si fece chierico. Decise poi di farsi monaco quando conobbe a Ravenna due eremiti di Fonte Avellana, eremo nella Pentapoli bizantina. A Fonte Avellana gli venne chiesto di istruire i suoi fratelli, così divenne *magister* dei novizi. Nel 1040 si trasferì a Pomposa per volere dell'abate Guido degli Strambiati, poiché serviva un *magister* nell'abbazia. Nel 1042 si trasferì al monastero di san Vincenzo al Furlo per riformarne la disciplina secondo la riforma romualdina. Nel 1043 venne eletto priore di Fonte Avellana e rimase in carica sino al 1057. Nel 1046 assistette all'incoronazione dell'imperatore Enrico III a Roma ed entrò

nell'XI secolo. Il cuore ghibellino di Dante batté per l'impero e
per la sua storia, che è inesorabilmente legata a quella dei grandi
storici romani, e per questo egli fu un assiduo lettore di Livio,
Lucano, Sallustio, Tacito e Svetonio.

in contatto con l'ambiente di corte. Strinse così un saldo rapporto con la corte
imperiale e con l'imperatrice Agnese. Papa Stefano IX, nell'agosto-novembre 1057, lo
nominò cardinale e vescovo di Ostia. Divenne poi consigliere del Papa. Pier Damiani
fu uno scrittore prolifico, sono sopravvissuti oltre settecento manoscritti contenenti le
sue opere. Scrisse più di 180 lettere, varie opere liturgiche ed eucologiche, sermoni da
lui tenuti in varie occasioni e agiografie, tra le quali spicca la citata *Vita Romualdi*.
Scrisse anche due trattati di politica: il *Liber Gratissimus* e la *Disceptatio synodalis*.
Amava leggere nono solo opere di patristiche e filosofia, ma anche storiche, come
Livio, Sallustio e Svetonio.

Per quanto concerne il rapporto tra Sallustio e Dante, l'*incipit* del *De Monarchia*[83] non può non richiamare quello del *De coniuratione Catilinae*:

Omnis homines qui sese student praestare ceteris animalibus summa ope niti decet ne vitam silentio transeant veluti pecora, quae natura prona atque ventri oboedientia finxit. Sed nostra omnis vis in animo et corpore sita est; animi imperio, corporis servitio magis utimur; alterum nobis cum dis, alterum cum beluis commune est. Quo mihi rectius videtur ingeni quam virium opibus gloriam quaerere et, quoniam vita ipsa qua fruimur brevis est, memoriam nostri quam maxume longam efficere. Nam divitiarum at formae gloria fluxa atque fragilis est, virtus clara aeternaque habetur[84].

Come lo storico latino anche Dante ragiona sulla dualità spirito (animo)/corpo e sul ruolo delle pulsioni, che spesso lo spingono verso la brutalità carnale del mondo terreno[85]. La riflessione sullo spirito in Sallustio è presente anche nel capitolo II del *Bellum Iugurthinum*: «*postremo corporis et fortunae bonorum*

---

[83] D. Alighieri, *La monarchia di Dante Alighieri*, a cura di Corrado Gizzi, Teramo, Edigrafital, 2005.

[84] Sallustio, *La congiura di Catilina*, a cura di G. Pontiggia, Centauria, Milano 2017, pp. 4-5.

[85] Tale concetto è ribadito anche nel *De vulgari eloquentia* 1,7,1: «Dispudet, heu, nunc humani generis ignominiam renovare! Sed quia preferire non possumus quin transeamus per illam, quanquam rubor ad ora consurgat animusque refugiat, percurremus».

ut initium sic finis est, omniaque orta occidunt et aucta senescunt: animus incorruptus, aeternus, rector humani generis agit atque habet cuncta neque ipse habetur. Quo magis pravitas eorum admiranda est qui dediti corporis gaudiis per luxum et ignaviam aetatem agunt ceterum ingenium quo neque melius neque amplius aliud in natura mortalium est incultu atque socordia torpescere sinunt cum praesertim tam multae variaeque sint artes animi quibus summa claritudo paratur»[86].

Nel presente passo lo storico latino definisce lo spirito incorrotto ed eterno «*rector humani generis*». In *De vulgari eloquentia* 1,7,1 il Poeta ne rovescia il senso: la propensione della natura umana per il peccato è «*humani generis ignominiam*»[87].

Un altro evidente ritorno sallustiano in Dante è quello di Catilina nel *De Monarchia*, infatti il Poeta attinse al capitolo V del *De*

---

[86] Sallustio, *La guerra contro Giugurta*, traduzione di Lisa Piazzi, introduzione di Graziana Brescia, Santarcangelo di Romagna, Rusconi, 2015, p.4.

[87] «L'essenza della citazione dantesca consiste proprio nell'inveramento di una profezia inconscia, il quale aspira alla *renovatio* dei contenuti pagani attraverso una riscrittura che è in definitiva un compimento. Ora Dante non è più semplicemente compilatore, commentatore o scriba, ma con questa strategia emulativa acquista la dignità di autore per affermare l'autenticità della propria creazione. In questo modo la citazione apre lo spazio conflittuale della reinvenzione poetica, svelando al tempo stesso i meccanismi dell'*inventio* nonché il rapporto dialettico con la tradizione, costantemente rivitalizzata dal poeta custode della memoria e mirabile artefice di metamorfosi» (D. Baroncini, *Citazione e memoria classica in Dante*, Leitmotiv 2/2002, pp. 163-164).

Il passo del *De vulgari eloquentia* in questione è il presente: «*Dispudet, heu, nunc humani generis ignominiam renovare! Sed quìa preferire non possumus quin transeamus per illam, quanquam rubor ad ora consurgat animusque refugiat, percurremus*».

Catilinae coniuratione per descrivere il suo rivoluzionario. Così l'amiternino[88] descriveva Catilina:

Catilina, nobili genere natus, fuit magna vi et animi et corporis, sed ingenio malo pravoque. Huic ab adulescentia bella intestina caedes rapinae discordia civilis grata fuere, ibique iuventutem suam exercuit. Corpus patiens inediae algoris vigiliae, supra quam cuiquam credibile est. Animus audax subdolus varius, cuius rei lubet simulator ac dissimulator, alieni adpetens, sui profusus, ardens in cupiditatibus; satis eloquentiae, sapientiae parum. Vastus animus inmoderata incredibilia nimis alta semper cupiebat (…)[89].

L'animo focoso del capo dei congiurati è connotato dagli aggettivi *audax*, *subdolus* e *varius*, che alludono alla sua capacità di simulare e di dissimulare, nonché al suo carattere ipocrita, ambiguo e malvagio. I medesimi aggettivi connotano anche il ritratto proposto dal Poeta nel *De Monarchia* 1,1,2[90] dell'uomo che, nonostante la sua istruzione, non si cura di adoperarsi per il bene della comunità: Catilina corrisponde alla metafora dell'albero che non fruttifica ma, come una

---

[88] *Amiternum* diede i natali a Sallustio.
[89] Sallustio, *La congiura di Catilina*, a cura di G. Pontiggia, Centauria, Milano 2017, pp. 8-10.
[90] D. Alighieri, *La monarchia*, p. 27.

«*perniciosa vorago*», ingurgita tutto senza restituire mai nulla. Dante condivide con l'amiternino non solo alcune basi tematiche e di contenuto, ma anche l'impostazione moralistica dell'opera: sia il *De Catilinae coniuratione*, nel proemio, che il *De Monarchia*, nell'*incipit*, originano la loro argomentazione da un *exemplum* da non seguire e, per contrasto, suggeriscono un modello di comportamento probo, eguale e giusto. Il Poeta, in qualità di lettore cristiano, apprezza particolarmente l'esordio del *De Catilinae coniuratione* proprio per il suo profondo contenuto etico-morale e in entrambi gli autori l'impostazione metafisica fondata sul dualismo platonico anima-corpo risulta spesso preponderante.

Dunque la conoscenza degli storici antichi da parte di Dante non è certamente paragonabile a quella del Petrarca, ma non può neanche definirsi scarna o esigua. La preparazione dantesca sulla storia antica è ottima per un uomo di cultura della sua epoca. Possiamo dunque affermare con forza che il giudizio sulla sua biblioteca fu per troppo tempo ingiusto e fatto di giudizi troppo affrettati. La grandezza di Dante si evince anche da questo, dalla sua grande conoscenza storica.

Dante in esilio: la nascita del mito

Abstract:

Il presente lavoro si pone l'obiettivo di indagare quanto e in che misura la *Commedia* rappresenti per Dante il mezzo attraverso il quale riscattare la sua situazione di esiliato. Sono indagate con attenzione le occorrenze della parola «essilio» nel poema e con quale valenza queste vengano utilizzate. Nel corso del lavoro si vedrà come da un esilio terreno si passerà a quello divino ed a un suo riscatto, volto al ricongiungimento dell'umanità con il Padre nel regno dei cieli.

L'indagine sull'esilio dantesco e le sue motivazioni si rivela fin da subito cosa assai ardua. Una prima problematica origina dalle accuse che hanno spinto i guelfi neri[91] a esiliarlo, queste sembrano

pretestuose e ripetitive rispetto a quelle degli altri condannati. Basti

pensare che tra le colpe imputate al Poeta è presente l'opposizione

al papa e a Carlo di Valois[92]. Dante nei suoi scritti non derogò mai

la sua iniziale posizione d'innocenza. D'altro canto non si può però

immaginare che il Comune di Firenze, e per lui i guelfi neri, lo

avesse accusato del tutto ingiustamente, solamente per voci

---

[91] I guelfi bianchi e i guelfi neri furono le due fazioni in cui si opposero, intorno alla fine del XIII secolo i guelfi di Pistoia prima e successivamente quelli di Firenze, ormai il partito egemonico in città dopo la cacciata dei ghibellini. Le due fazioni lottavano per l'egemonia politica, e quindi economica, in città. A livello della situazione extracittadina, seppur entrambe sostenitrici del papa, erano opposte per carattere politico, ideologico ed economico. I guelfi bianchi, favorevoli alla signoria, erano un gruppo di famiglie aperte alle forze popolari, perseguivano l'indipendenza politica ed erano fautori di una politica di maggior autonomia nei confronti del pontefice, rifiutandone l'ingerenza nel governo della città e nelle decisioni di varia natura. I guelfi neri, invece, che rappresentavano soprattutto gli interessi delle famiglie più ricche di Firenze, erano strettamente legati al papa per interessi economici e ne ammettevano il pieno controllo negli affari interni di Firenze, incoraggiando anche l'espansione dell'autorità pontificia in tutta la Toscana. La rivalità tra i guelfi bianchi e i guelfi neri fu al centro della vita sociale e politica, tra la fine del XIII secolo e il primo decennio del Trecento a Firenze, a Pistoia e in altre città della Toscana. Episodi storici legati ai contrasti nati all'interno del Partito guelfo sono ampiamente trattati nella Divina Commedia, che proprio in quegli anni veniva scritta da Dante Alighieri. Si veda F. Cardini, *Guelfi e Ghibellini*, in *La piazza e il chiostro. San Pellegrino Laziosi, Forlì e la Romagna nel tardo Medioevo*. Atti delle giornate di studio tenutesi a Forlì il 3 e 4 maggio 1996, pp. 111-126.

[92] Carlo di Valois (Valenciennes, 12 marzo 1270 – Nogent-le-Roi, 16 dicembre 1325) è stato conte di Valois dal 1286, per matrimonio fu inoltre Conte di Angiò e del Maine dal 1290, inoltre anche conte d'Alençon dal 1291 e conte di Chartres dal 1293 alla sua morte. Fu inoltre Imperatore consorte titolare dell'Impero Romano d'Oriente dal 1301 al 1308 e re titolare d'Aragona dal 1283 al 1295. Era il terzogenito del re di Francia Filippo III e di Isabella d'Aragona e quindi fratello del re di Francia, Filippo IV. Carlo è l'iniziatore della dinastia Capetingia cadetta dei Valois che regnò sulla Francia a partire dal suo stesso figlio, Filippo VI. Si veda D. Carron, *Il principe 'senzaterra' : Carlo di Valois*, in *Nel Duecento di Dante: i personaggi*, a cura di Franco Suitner , 15, pp. 283-306.

circolanti in città. Gli oppositori politici condannando Dante vogliono attaccare direttamente la sua autorità, la sua "nobile figura", poiché il poeta già in quegli anni era considerato un grande intellettuale e politico. Solo attraverso la condanna all'esilio i guelfi neri poterono scalfire la sua figura marmorea. Un dato rilevante è che Dante smise di essere un guelfo bianco agli inizi del 1303[93]. Sicuramente in un primo momento bramò di rientrare a Firenze, ma col passare del tempo si affezionò all'idea dell'esilio e ad un rientro in *pompa magna* per meriti letterari. Per quanto concerne tale questione si può affermare che il Poeta in tutte le sue opere non fece nulla per chiarire l'ambiguità sentimentale riguardante l'esilio. Illuminanti risultano essere le parole dell'esordio del *Paradiso*:

«Se mai continga che 'l poema sacro
al quale ha posto mano e cielo e terra,
sì che m'ha fatto per molti anni macro,
  vinca la crudeltà che fuor mi serra
del bello ovile ov'io dormi' agnello,
nimico ai lupi che li danno guerra;
  con altra voce omai, con altro vello
ritornerò poeta, e in sul fonte
del mio battesmo prenderò 'l cappello;
  però che ne la fede, che fa conte
l'anime a Dio, quivi intra' io, e poi
Pietro per lei sì mi girò la fronte»[94].

---

[93] C. Marchi, *Dante in esilio*, Milano, Longanesi, 1964, p. 123.
[94] Dante Alighieri, *La Divina Commedia*, a cura di E. Malato, Roma, Salerno editore, 2018, p. 899. Commedia, Paradiso, canto XXV, vv. 1-12.

A tale testimonianza si aggiunga che nelle sue opere ad un certo punto finiscono i continui richiami al suo stato di povertà dovuto all'esilio, tanto presenti nel *Convivio* e nel *De vulgari eloquientia*. Un'ulteriore testimonianza ci viene da Rime 15, CXVI, vv. 76-84:

«O montanina mia canzon, tu vai:
forse vedrai Fiorenza, la mia terra,
che fuor di sé mi serra,
vota d'amore e nuda di pietate;
se dentro v'entri, va dicendo: "Omai
non vi può far lo mio fattor più guerra:
là ond'io vegno una catena il serra
tal, che se piega vostra crudeltate,
non ha di ritornar qui libertate"»[95].

Bisogna anche chiedersi chi altro fu esiliato in quel 1315, oltre a Dante e i suoi figli? Perché i fiorentini amarono così tanto il Poeta da rivendicarne le spoglie? Tutte le biografie dantesche riservano agli anni dell'esilio una sezione predominante, lasciando pochissimo spazio alla sua vita prima dell'esilio, i dati relativi alla sua vita si fanno assi tenebrosi proprio tra la fine del Duecento e gli inizi del Trecento[96]. Per la ricostruzione della vita dantesca e del suo esilio è bene basarsi sulle opere del poeta più che su dati incerti provenienti da fonti esterne. È risaputo che già

---

[95] Dante Alighieri, *Rime*, a cura di Gianfranco Contini, Torino, Einaudi, 1973, p. 232.
[96] R.W.B. Lewis, *Dante Alighieri: una biografia attraverso le opere*, traduzione di Giuseppina Oneto, Roma, Fazi, 2005, pp. 41-42.

prima della mitizzazione voluta dal Boccaccio, agli inizi del Trecento circolavano per Firenze numerosissimi commenti al poema[97]. Di contro a questa enorme fortuna *post-mortem* si oppone l'episodio del rogo a Bologna nel 1329 del *De Monarchia* attuato da Bertrando del Poggetto[98], nipote del

---

[97] E. Tonello, *Il testo della 'Commedia' nelle 'Esposizioni' di Boccaccio*, in *Intorno a Boccaccio/Boccaccio e dintorni 2015: atti del seminario internazionale di studi* (Certaldo Alta, Casa di Giovanni Boccaccio, 9 settembre 2015), a cura di Stefano Zamponi, Firenze, Firenze University press, 2016, pp. 109-127.

[98] Bertrando nacque da una nobile famiglia originaria del Quercy, ed avviato – in quanto figlio cadetto – alla carriera ecclesiastica: in questa scelta influì senz'altro lo zio materno di Bertrand, Jacques Duèze, all'epoca vescovo di Avignone e futuro Papa con il nome di Giovanni XXII. Ottenuto il dottorato in teologia ed in diritto canonico, Bertrando, con la protezione dello zio vescovo, iniziò ad accumulare diversi benefici ecclesiastici: canonico della chiesa di Notre-Dame de Pont-Fract (1310) e poi decano di Issigeac (1312). Nel 1316 il suo protettore divenne papa, prendendo il nome di Giovanni XXII: questi gli concesse ulteriori titoli quali quello di canonico della cattedrale di Narbona ed arcidiacono di Le Mans. Il 17 dicembre di quello stesso 1316, infine, Giovanni XXII lo elevò alla porpora cardinalizia con il titolo di San Marcello. La cattività avignonese aveva indebolito l'autorità pontificia sull'Italia. Del vuoto di potere creatosi aveva approfittato l'imperatore Ludovico il Bavaro per rinvigore i suoi sostenitori italiani, i ghibellini (contrapposti ai guelfi, sostenitori del Papa). Aveva quindi conferito il titolo di vicario imperiale a Matteo Visconti, signore di Milano: costui aveva intrapreso una poderosa campagna bellica nell'Italia settentrionale (1314-1316), conquistando Pavia, Alessandria, Tortona, Vercelli, Parma e Piacenza. Il signore di Verona Cangrande della Scala, nel frattempo, stava estendendo i propri possedimenti in Veneto e Passerino Bonacolsi, signore di Mantova, aveva ottenuto il controllo su Modena. Per fronteggiare l'aggressività ghibellina, nel 1314 Clemente V (un mese prima di morire) aveva nominato vicario pontificio Roberto d'Angiò, re di Napoli e principale sostenitore della politica guelfa in Italia, assieme alla Repubblica di Firenze. Giovanni XXII, succeduto a Clemente V dopo più di due anni di vacanza della Santa Sede, si affrettò a riconfermare la nomina fatta dal suo predecessore. L'aspra politica antighibellina di Giovanni XXII (il quale diffidò i Signori di Milano, Verona e Mantova dal fregiarsi del titolo di vicari imperiali, non riconobbe l'elezione imperiale e fece scomunicare Matteo Visconti per eresia), portò ad una consolidazione del fronte ghibellino, capeggiato dai Visconti di Milano, gli Scaglieri di Verona, e i Bonacolsi di Mantova, sostenuti dall'imperatore Ludovico. Nonostante gli sforzi del pontefice, la posizione della Chiesa in Italia rischiava di venir seriamente compromessa dall'avanzata ghibellina, minacciando in questo modo non solo i sostenitori storici della Chiesa (Firenze e Napoli), ma anche gli stessi possedimenti

papa[99]. Dell'episodio ci parla Giovanni Boccaccio nel Trattatello in laude di Dante:

Questo libro[100] più anni dopo la morte dell'auttore fu dannato da messer Beltrando cardinale del Poggetto e legato di papa nelle parti di Lombardia, sedente Giovanni papa XXII. E la cagione fu perciò che Lodovico, duca di Baviera, dagli elettori della Magna eletto in re de' Romani, e venendo per la sua coronazione a Roma, contra il piacere del detto Giovanni papa essendo in Roma, fece, contra gli ordinamenti ecclesiastici, uno frate minore, chiamato frate Pietro della Corvara, papa, e molti cardinali e vescovi; e quivi a questo papa si fece coronare. E, nata poi in molti casi della sua auttorità quistione, egli e' suoi seguaci, trovato questo libro, a difensione di quella e di sé molti degli argomenti in esso posti cominciarono a usare; per la qual cosa il libro, il quale infino allora appena era saputo, divenne molto famoso. Ma poi, tornatosi il detto Lodovico nella Magna, e li suoi seguaci, e massimamente i cherici, venuti al dichino e dispersi, il detto cardinale, non essendo chi a ciò s'opponesse, avuto il soprascritto libro, quello in publico, sì come cose eretiche contenente, dannò al fuoco. E il simigliante si sforzava di fare dell'ossa dell'auttore a etterna infamia e confusione della sua memoria, se a ciò non si fosse opposto un

---

pontifici, in particolare la Romagna: questa terra era infatti divisa in molte piccole signorie, che però ufficialmente derivavano la loro autorità dalla nomina pontificia.
Si veda: L. Giommi, *Il comune reggiano alla discesa in Italia di Bertrando del Poggetto*, in *Atti e memorie della R. Deputazione di storia patria per le provincie modenesi*, s. 5., v. 11 (1917), pp. 8-24.
[99] Giovanni XXII.
[100] Ci si riferisce al De Monarchia.

valoroso e nobile cavaliere fiorentino, il cui nome fu Pino della Tosa, il quale allora a Bologna, dove ciò si trattava, si trovò, e con lui messer Ostagio da Polenta, potente ciascuno assai nel cospetto del cardinale di sopra detto[101].

La distruzione dell'opera in pubblico, fu per il Boccaccio quasi un atto sacrilego, poiché la grandezza di Dante è sacra. Il rogo però non servì a molto, poiché già pochi anni dopo l'opera torno in auge. Tornando a discutere dell'esilio e della sua mitizzazione, come già detto in precedenza, il Poeta col passare del tempo si affezionò all'idea dell'esilio e a un ritorno glorioso a Firenze solo attraverso meriti letterari. L'unico modo per raggiungere ed ottenere tale gloria è la stesura di un'opera che rimanga nei secoli, un poema eterno che trascenda il terreno: la *Commedia*. Quest'opera rappresenta per il Poeta il riscatto che brama da tutta la vita. Il mezzo con il quale rientrare nella città natia in trionfo.

L'opera è impostata come un continuo cammino e pellegrinaggio, propri solo di chi ha vissuto una vita in continuo movimento. Nel primo verso dell'opera[102] gli accenti di sesta e di decima cadono

---

[101] Giovanni Boccaccio, *Trattatello in laude di Dante*, introduzione, prefazione e note di Luigi Sasso, Milano, Garzanti, 1995, p. 131.

[102] «Nel mezzo del cammin di nostra vita / mi ritrovai per una selva oscura / ché la diritta via era
smarrita». Tale *incipit* allude al verso biblico: «*In dimidio dierum meorum vadam ad portas inferi*» (Is 38, 10). Tra i due versi però esiste una differenza macroscopica, infatti il Poeta aggiunge due elementi:
inserisce proprio l'immagine della vita come un cammino e sostituisce l'aggettivo possessivo

sulle parole *cammin* e *vita*, ciò naturalmente non è un caso, ma si vuole sottolineare che ad un certo punto la vita del Poeta diviene itinerante. Inoltre è presente la metafora della vita come un cammino ed un eterno pellegrinaggio. Nel verso un elemento salta all'occhio, il plurale «nostra vita», che sta a sottolineare che la vita di tutti è un continuo cammino, non solo quella del Poeta che ha vissuto la sciagura dell'esilio. Bisogna inoltre aggiungere che i temi del cammino sacro e del pellegrinaggio, nel Medioevo, assumono un significato sacro e rituale, l'*homo viator* in cammino verso la patria celeste. La vita come cammino e viaggio non è dunque nella cultura cristiana un'allusione generica, ma un chiaro riferimento al pellegrinaggio verso una meta santa o verso il regno dei cieli. Ogni uomo ha vissuto un esilio interno, dovuto all'allontanamento da Dio (dovuto alla nascita) e la vita non rappresenta altro che un lento cammino di ritorno a Dio. Dunque, il Poeta vive due esili, il primo comune a tutti gli uomini, dovuto all'allontanamento da Dio, il secondo, quello terreno, voluto dai guelfi neri[103]. Sarebbe

---

singolare mio («dierum meorum») con il plurale nostra: «nostra vita».

[103] I guelfi bianchi e i guelfi neri furono le due fazioni in cui si opposero, intorno alla fine del XIII secolo i guelfi di Pistoia prima e successivamente quelli di Firenze, ormai il partito egemonico in città dopo la cacciata dei ghibellini. Le due fazioni lottavano per l'egemonia politica, e quindi economica, in città. A livello della situazione extracittadina, seppur entrambe sostenitrici del papa, erano opposte per carattere politico, ideologico ed economico. I guelfi bianchi, favorevoli alla signoria, erano un gruppo di famiglie aperte alle forze popolari, perseguivano l'indipendenza politica ed erano fautori di una politica di maggior autonomia nei confronti del pontefice, rifiutandone l'ingerenza nel governo della città e nelle decisioni di varia natura. I guelfi neri, invece, che rappresentavano soprattutto gli interessi delle famiglie più

impossibile comprendere le numerose immagini di pellegrinaggio presenti nella *Commedia,* se non fossero collegate al macro-tema dell'esilio.

---

ricche di Firenze, erano strettamente legati al papa per interessi economici e ne ammettevano il pieno controllo negli affari interni di Firenze, incoraggiando anche l'espansione dell'autorità pontificia in tutta la Toscana. La rivalità tra i guelfi bianchi e i guelfi neri fu al centro della vita sociale e politica, tra la fine del XIII secolo e il primo decennio del Trecento a Firenze, a Pistoia e in altre città della Toscana. Episodi storici legati ai contrasti nati all'interno del Partito guelfo sono ampiamente trattati nella Divina Commedia, che proprio in quegli anni veniva scritta da Dante Alighieri.

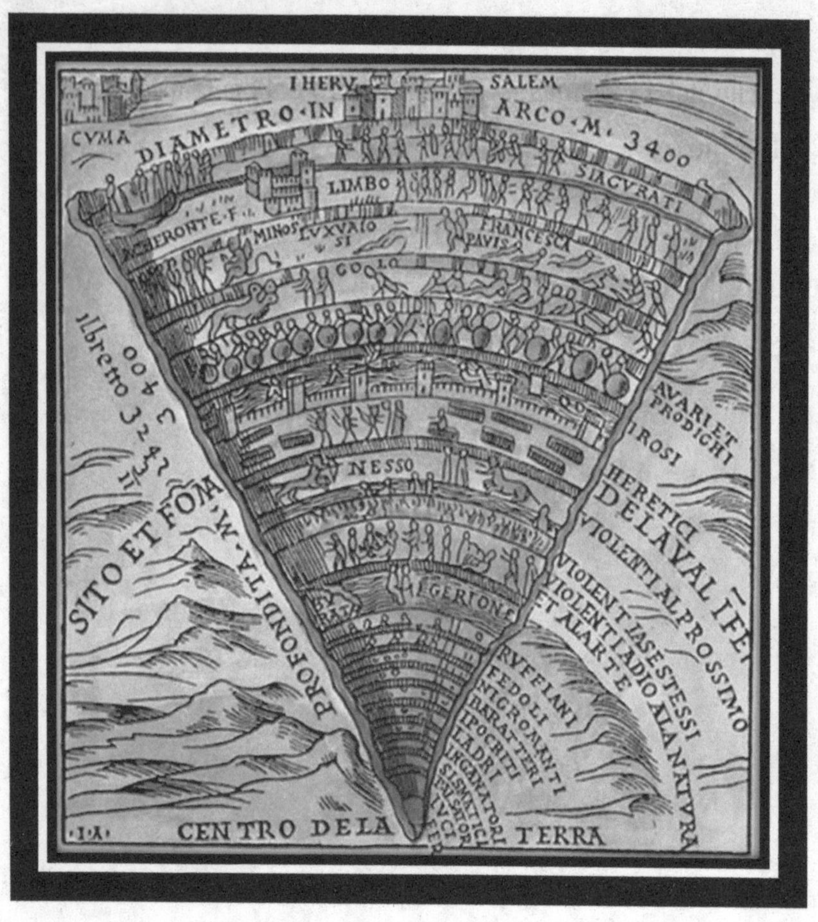

Nella *Commedia* il tema dell'esilio è stato studiato soprattutto come specchio di quello reale vissuto dal Poeta. Ma mediante un'analisi più attenta si comprende come tale esperienza concreta di Dante, «l'esilio diventa l'immagine, la metafora fondamentale per comprendere la condizione e il destino dell'uomo, sia nella sua dimensione terrena, sia in quella ultraterrena»[104]. Nella *Commedia* la parola "esilio" è pronunziata solamente sei volte e solo una di queste allude all'esilio politico e terreno del Poeta, quella pronunciata da Cacciaguida (Par. XVII 57)[105]. Dunque si può affermare con forza che, fatta eccezione per il prof. Ledda[106] che ha concentrato la maggior parte dei suoi studi sul concetto dell'esilio ultraterreno in Dante, tutti gli altri studiosi hanno rivolto troppo la loro attenzione solo all'esilio politico.

---

[104] G. Ledda, *Immagini di pellegrinaggio e di esilio nella Commedia di Dante*, in *Annali Online di Ferrara* - Lettere Vol. 1 (2012) 295/308.

[105] «Tu lascerai ogne cosa diletta / più caramente; e questo è quello strale / che l'arco de lo essilio pria saetta» (Par. XVII 55-7).

[106] Giuseppe Ledda è professore associato di Letteratura italiana all'Università di Bologna, dove insegna "Letteratura e critica dantesca", "Letteratura e Filologia dantesca", "Letteratura italiana". È nato nel 1964 a Macomer, in Sardegna, dove è vissuto fino al conseguimento della maturità scientifica (1983).
Si veda: G. Ledda, *Come finisce la Commedia? Per una diversa interpretazione del verso «Ma già volgeva il mio disio e 'l velle» («Par.» XXXIII, 143)*, «STUDI E PROBLEMI DI CRITICA TESTUALE», 2021, 103, pp. 221 – 232; G. Ledda, *Dante Alighieri, Divina Commedia*, a cura di Emilio Pasquini, Giuseppe Ledda, Giancarlo Benevolo, Bologna, Scripta Maneant, 2021; G. Ledda, *I modelli biblici nei primi canti della «Commedia» di Dante («Inferno» I-II)*, in *Aggiornamenti sulla «Commedia»*, Ravenna, Longo Editore, 2021, pp. 13 – 32; G. Ledda, *Verso il purgatorio, verso il cielo: temi penitenziali nei primi cinque canti del «Purgatorio» di Dante*, «P.R.I.S.M.I.», 2021, ns. 2, pp. 67 – 90; G. Ledda, *Dante poeta cristiano e la cultura religiosa medievale. In ricordo di Anna Maria Chiavacci Leonardi*. Atti del Convegno internazionale di Studi (Ravenna, 26 novembre 2015), Ravenna, Centro Dantesco dei Frati Minori Conventuali, 2018; G. Ledda, *La navigazione come metafora testuale nei poemi epico-cavallereschi: da Pulci ad Ariosto*, «ITALIANISTICA», 2017, XLVI, pp. 67 – 87; G. Ledda, *Leggere la "Commedia"*, Bologna, Il Mulino, 2016; G. Ledda, *L'esilio, la speranza, la poesia: modelli biblici e strutture autobiografiche nel canto XXV del «Paradiso»*, «STUDI E PROBLEMI DI CRITICA TESTUALE», 2015, 90, pp. 257 – 277; G. Ledda, *Immagini di pellegrinaggio e di esilio nella Commedia di Dante*, in *Annali Online di Ferrara* - Lettere Vol. 1 (2012) 295/308.

Il Poeta trova nell'esilio politico dei significati più ampi, più profondi, che si allacciano con quelli ultraterreni e che cingono tutta l'umanità. tale immagine è fatta pronunciare nella *Commedia* proprio ad Adamo, il quale dovette vivere in esilio, lontano da Dio, per un totale di 5232 anni, precisamente 930 anni di vita sulla terra più altri 4302 anni passati nel Limbo, da dove poi lo libererà Cristo[107]. Dante ad un certo punto della sua vita prende coscienza del fatto che esiste un solo esilio, quello ultraterreno, quello che comporta l'allontanamento e il lungo riavvicinamento a Dio, dunque dinnanzi a tale esilio, quello politico, quello terreno, inizia a perdere di valore. Tale ragionamento spiegherebbe bene perché il Poeta ad un certo punto della sua vita smetta di lamentarsi per il suo esilio politico, anzi inizia ad abituarsi, quasi ad amare l'idea di "esser sempre forestiero". L'esilio ultraterreno, assume un'importanza maggiore rispetto a quello terreno, poiché molti uomini saranno condannati ad esser esuli in eterno, per qualcuno non finirà mai. La vera definizione della dannazione, dell'eterna condanna all'Inferno, non è attraverso la *poena sensus*, le diverse pene che i dannati subiscono, ma attraverso la *poena damni*, l'eterna esclusione dalla possibilità di tornare a Dio: «l'etterno essilio»

---

[107] «Or, figliuol, non il gustar del legno / fu per sé la cagion di tanto essilio, / ma solamente il trapassar del segno» (Par. XXVI 115-7).

(Inf. XXIII 126)[108]. L'esilio eterno, o meglio l'eterna dannazione, brucia l'uomo dall'interno, poiché gli toglie ogni speranza di salvezza, ogni speranza di ricongiunzione con il padre, con Dio.

La parola *"essilio"* è presente anche nel *Purgatorio*, qui la parola è pronunciata da Virgilio che incontrando un'anima del *Purgatorio* in cammino per il monte della penitenza, che poi si rivelerà essere quella di Stazio, la saluta così: «Nel beato

---

[108] Questa è la prima occorrenza del termine *essilio* nella *Commedia* ed è l'unica nell'*Inferno*. Tale occorrenza è riferita a Cafia, ma è rivolta a tutti i dannati in generale.

concilio / ti ponga in pace la verace corte / che me rilega ne l'etterno essilio» (Purg. XXI 16-8).

All'esilio dal regno dei cieli, nell'interpretazione cristiana medioevale, sono collegati due episodi biblici: l'esilio del popolo eletto e la schiavitù in Egitto[109] o a Babilonia[110]. Tali esili divengono l'immagine dell'esiliato sulla terra, condannato dalla schiavitù del peccato e lontano da Dio, mentre la liberazione dalla schiavitù, la fine dell'esilio, il ritorno a Gerusalemme diventano immagini della liberazione dell'uomo dall'esilio terreno per tornare a Dio. Solo Dio può liberare l'uomo dalla condizione originaria del peccato, tale condizione riduce l'uomo all'esilio. Non a caso, all'inizio del *Purgatorio* le anime che giungono, traghettate dall'angelo nocchiero, sulla spiaggia del *Purgatorio*, pronte a iniziare il processo di penitenza che le porterà alla salvezza, intonano il salmo 113, *In exitu Israel de Aegypto*, il salmo che celebra la liberazione del popolo ebraico dall'esilio in Egitto (Purg. II 46). L'altro esilio, quello babilonese, è invece ricordato nel *Paradiso*, dove sono descritte la gloria e la bellezza della beatitudine, che viene definita un tesoro conquistato attraverso il pianto e la sofferenza nella vita

---

[109] P. Worm, *L' Esodo, ossia Dall'uscita degli Ebrei dall'Egitto, a tutto il Vecchio Testamento*, Firenze, Salani Editore, 1968.
[110] P. Stefani, *L'esilio babilonese nella Bibbia e nel Nabucco*, in *Dalla Bibbia al Nabucco* / Piero Stefani (ed.), pp. 115-143.

terrena, chiamata appunto «lo essilio / di Babillòn»: «Quivi si vive e gode del tesoro / che s'acquistò piangendo ne lo essilio / di Babillòn, ove si lasciò l'oro» (Par. XXIII 133-5).

La *Commedia* si presenta quindi come un percorso di purificazione non solo del Poeta, ma dell'intera umanità. Da una situazione di «essilio»[111]da Dio, mediante la pena della vita terrena, si ritorna a Dio. A questo punto si presentano tre tipologie di uomini: coloro che non potranno mai tornare a Dio e che vivranno un esilio eterno (i condannati all'Inferno; quelli che prima di tornare nella grazia di Dio dovranno scontare la loro pena per i peccati commessi sulla terra (i condannati al Purgatorio); infine coloro che dopo l'esilio terreno potranno riconciliarsi subito con Dio (i beati in Paradiso). Il poema riassume dunque tutta l'esistenza dell'umanità.

Il "poema sacro" si collega anche alla redenzione terrena di Dante, mediante il quale egli vuole raggiungere la gloria poetica e il rientro trionfale in patria. Il Poeta spera di poter tornare a Firenze e ricevere l'incoronazione poetica nel Battistero di San Giovanni[112], dove aveva ricevuto il battesimo. Il poema va però

---

[111] Come compare nella Commedia.

[112] Le origini del monumento costituiscono uno dei temi più oscuri e discussi della storia dell'architettura. Fino al Cinquecento era ritenuta credibile la tradizione fiorentina secondo cui esso sarebbe stato in origine un antico tempio romano del dio Marte, modificato nel Medioevo solo nell'abside e nella lanterna. Nei secoli seguenti questa idea incontrò un graduale scetticismo, finché fu del tutto abbandonata alla fine dell'Ottocento, quando scavando sotto l'edificio apparvero i resti di domus romane,

probabilmente del I secolo d.C., con pavimenti a mosaico a motivi geometrici. Si ritenne che ciò dimostrasse l'origine medievale del monumento, e su questo presupposto si basano la maggior parte delle teorie attuali. Oggi gli studiosi restano comunque divisi tra chi, basandosi sulle caratteristiche classicheggianti dell'architettura, pensa a una costruzione di epoca paleocristiana (IV-V secolo d.C.), e chi invece la data intorno al Mille per i rinvenimenti archeologici che si è detto e anche per un documento che ne attestava la consacrazione avvenuta a opera di papa Niccolò II il 6 novembre 1059; e c'è anche chi ipotizza successivi rimaneggiamenti tra VII e XI secolo e anche oltre, addirittura fino alle soglie del Rinascimento. Queste spiegazioni così diverse fanno capire quanto il problema sia ancora aperto, e va aggiunto che negli ultimi anni è stata anche avanzata l'ipotesi che le tradizioni fiorentine dicessero sostanzialmente il vero quando raccontavano che il monumento era stato un 'Tempio di Marte' (di cui non è stata mai trovata traccia), nel senso non di tempio pagano, ma di edificio commemorativo della vittoria di Stilicone su Radagaiso, avvenuta a Firenze nel 406 e ricordata da tutti gli storici del tempo come un fatto straordinario, tanto che lo stesso Sant'Agostino la portò come argomento contro i pagani a dimostrazione della potenza di Dio. Solo in un secondo tempo, poi, l'edificio sarebbe stato consacrato all'uso cristiano, come accaduto per molti altri monumenti antichi. In questa ipotesi i reperti romani degli scavi andrebbero spiegati non come resti di devastazioni barbariche del VI secolo, ma come demolizioni eseguite nello stesso V secolo prima della costruzione e proprio per far posto all'edificio. La qualità della sua architettura andrebbe perciò riferita non al romanico fiorentino ma alla tarda romanità. Nei documenti scritti, la prima citazione del monumento risale all'anno 897, quando si sa che l'inviato dell'imperatore amministrava la giustizia sotto il portico "davanti alla chiesa di San Giovanni Battista". Il termine "chiesa" fa capire che a quella data l'edificio era officiato, anche se non è chiaro se avesse già le funzioni di battistero. Comunque sia, la consacrazione da parte di papa Niccolò II avvenne probabilmente dopo vari lavori di restauro. Nel 1128 l'edificio diventò ufficialmente battistero cittadino e intorno alla metà dello stesso secolo venne eseguito un rivestimento esterno in marmo, successivamente completato anche all'interno; il pavimento in tarsie marmoree venne realizzato nel 1209. Secondo alcuni la cupola sarebbe stata realizzata nella seconda metà del XIII secolo, ma di ciò non esiste nessun documento, e tecnicamente l'ipotesi è assai discutibile. I mosaici della scarsella risalgono verso il 1220 e successivamente fu eseguito il complesso mosaico della cupola a spicchi ottagonali, al quale si lavora tra il 1270 e il 1300, con l'intervento di frate Jacopo e la partecipazione di Coppo di Marcovaldo e di Cimabue. Tra il 1330 e il 1336 viene eseguita la prima delle tre porte bronzee, con l'utilizzo di 28 formelle, commissionata ad Andrea Pisano dall'Arte di Calimala, l'arte più antica dalla quale discendono tutte le altre, sotto la cui tutela era il battistero: essa era di fatto in competizione con l'Arte della Lana che patronava invece il vicino duomo. La porta, forse inizialmente collocata sul lato est, il più importante, di fronte al Duomo, fu spostata sul lato sud per collocare al posto d'onore la seconda porta: tale notizia, riportata dal Vasari e ripresa un po' da tutte le fonti fino ad oggi, è stata messa recentemente in dubbio per discrepanze nelle misure tra le due aperture.

oltre all'esilio politi, come già sottolineato in precedenza e rovescia i termini della questione. Beatrice sottolinea nello stesso canto XXV del *Paradiso* il privilegio che è concesso a Dante: «però li è conceduto che d'Egitto / vegna in Ierusalemme per vedere, / anzi che 'l militar li sia prescritto» (Par. XXV 55-7)[113]. Il Poeta è un *unicum,* un privilegiato, a cui è concesso

---

Il battistero ha una pianta ottagonale, con un diametro di 25,60 m, quasi la metà di quello della cupola del Duomo. La tipologia dei Battisteri a forma ottagonale della pianta è molto diffusa. La pianta centrale deriva dall'architettura antica greca e romana, ma nell'architettura cristiana assunse un significato simbolico correlato al numero otto dei lati. Il riferimento sarebbe "all'ottavo giorno" , il primo oltre i sette della creazione. L'"Octava dies" è un concetto escatologico: è il tempo dell'eternità che si aprirà alla fine dei tempi e al quale avranno accesso i risorti destinati alla salvazione. Per i cristiani, infatti, il sacramento del Battesimo è necessario per poter accedere alla fine dei tempi a questa nuova vita di beatitudine. Un tempo questo significato salvifico del sacramento era reso più esplicito dal fatto che il Battistero si trovava in un'area cimiteriale connotata da molte sepolture. Il grande Cristo giudice, raffigurato nella vela ovest dei mosaici della volta, ha sotto di sé i sepolcri scoperchiati da cui escono i risorti. La necessità di un edificio di vaste dimensioni si spiega con l'esigenza di accogliere la folla che riceveva il battesimo solo in due date prestabilite all'anno. Anticamente era sopraelevato di alcuni gradini, scomparsi con l'innalzamento graduale del piano del calpestio, che Leonardo da Vinci aveva pensato di ricreare studiando un modo per sollevare in blocco l'edificio e ricreare una nuova piattaforma. L'edificio è coperto da una cupola ad otto spicchi, mascherata all'esterno dall'attico e coperta da una piramide ottagonale. Sul lato opposto all'ingresso sporge il corpo dell'abside rettangolare. L'ornamento esterno, in marmo bianco di Carrara e verde di Prato, è scandito da tre fasce orizzontali, ornate da riquadri geometrici, quella mediana occupata da tre archi per lato, nei quali sono inserite superiormente finestre con timpani. Ai pilastri in marmo verde del registro inferiore corrispondono colonne poligonali in strisce bianche e nere in quello superiore, reggenti gli archi a tutto sesto. I pilastri angolari, originariamente in pietra serena, furono poi rivestiti pure di marmo. Si tratta di uno spartito di gusto classico, usato già in altri monumenti romanici come la facciata di San Miniato al Monte, che testimonia il perdurare a Firenze della tradizione architettonica della Roma antica.
Sul Battistero si veda: G. Marchini Langewiesche, *Baptisterium, Dom und Dommuseum in Florenz*, K.R. Langewiesche, Königstein im Taunus, 1980.
[113] Beatrice per enfatizzare il privilegio concesso a Dante utilizza immagini bibliche comuni nel pensiero cristiano dell'epoca.

andare nell'aldilà e di tornare sulla terra per poter raccontare ciò che ha vissuto agli altri uomini. Da esiliato, da ultimo tra gli ultimi, come per contrappasso, diviene un privilegiato. Tale situazione è vissuta dal Poeta come un premio divino che riscatta le sofferenze terrene dovute all'esilio.

Potremmo dunque dire che la *Commedia* rappresenti sia il riscatto terreno, che quello celeste dalle due situazioni di esilio, quella terrena da Firenze e quella divina dal regno dei cieli.

Appunti delle lezioni su Dante tenute presso il Cfp Artigianelli di Fermo

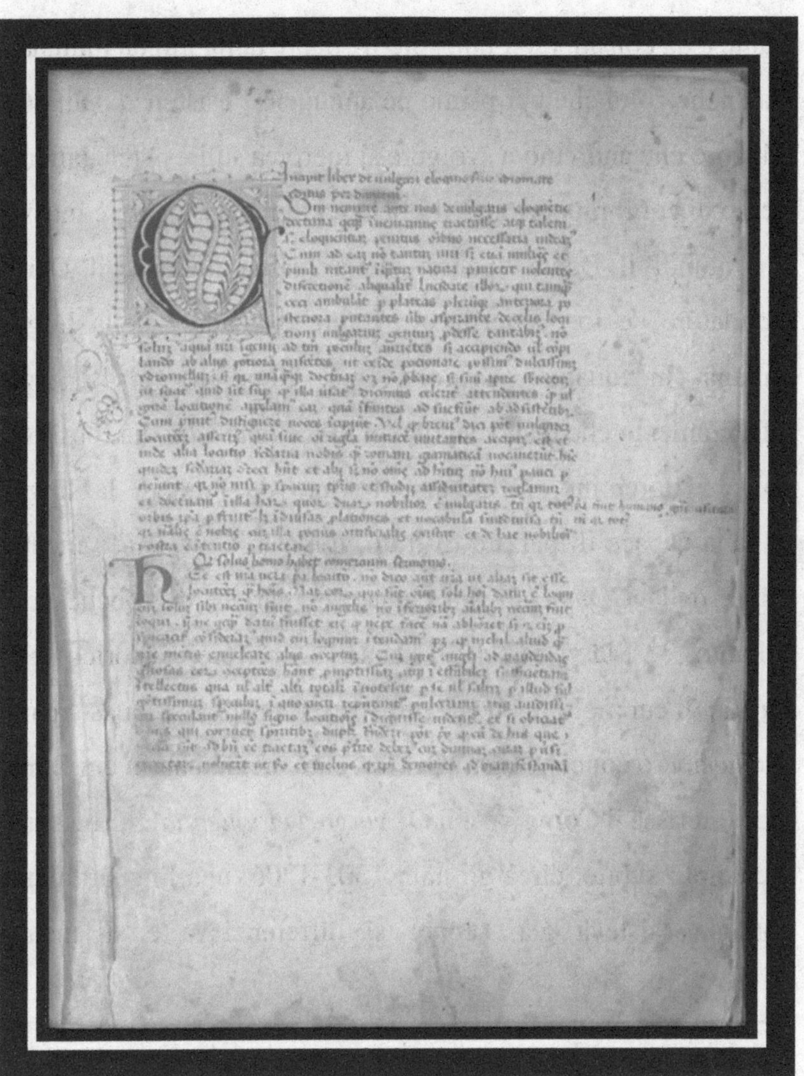

La presente trattazione si pone l'arduo obiettivo di scandagliare ed esaminare l'intricato rapporto che lega il Sommo Poeta alla lingua italiana.

Dante è da considerarsi non solo il "padre della lingua italiana", ma anche colui che per primo ne annunciò l'esistenza. Dunque, il lavoro che andremo a svolgere si inerpica sull'esistenzialismo stesso di cui il rapporto tra il Poeta e la lingua volgare è intriso. C'è quindi il Dante "padre" della lingua italiana, il Dante "fondatore" e lo "scopritore". Dante è "padre" della lingua italiana in quanto scrittore, per l'apporto e l'enorme rafforzamento che il suo capolavoro, la *Commedia*, ha fornito al volgare fiorentino, rafforzamento tale da rendere la lingua italiana capace di parlare di tutto, dopo la *Commedia*, mentre prima della *Commedia* era capace di parlare di "poche cose soltanto"[114]. Ma vi è anche il Dante "scopritore" e teorico della lingua, di cui molto meno si è trattato. È proprio su questa parte che desidero concentrarmi. Ovviamente, negli anni in cui Dante ideò e scrisse il Convivio e il *De vulgari eloquentia*[115], che sono, diciamolo subito, circa gli anni 1303-1306, una lingua italiana comune esisteva già, seppur si differenziava e si andava

---

[114] A. Fabrizi, *Dante e la lingua italiana*, in *Corso di cultura di cultura dantesca 1-10 dicembre 1965*, L'Aquila, Vigarelli, 1968.
[115] Dante Alighieri, *De vulgari eloquentia*, introduzione, traduzione e note di Vittorio Coletti, Milano, Garzanti, 2018.

declinando con esiti essenzialmente differenti nelle varie zone[116] della penisola. Esistevano, per usare le parole del Sommo Poeta, i volgari municipali: il toscano, il siciliano, il milanese, il veneziano, il bolognese, ecc. ecc., ma non esisteva affatto quello che Dante nel *Convivio* chiama «volgare italico» (I vi 8), «lingua italica» (I ix 2), «italica loquela» (I x 14), «parlare italico» (I xi 14), e nel *De vulgari* chiama «vulgare latium», o volgare di sì, e cioè una lingua volgare comune all'intera penisola[117]. Dante, quasi profeticamente, ne prevede l'assoluto successo. Nel primo libro del *Convivio* scrive

infatti «lo sole nuovo lo quale surgerà là dove l'usato tramonterà» (Cv I xiii 12)[118]. Il nuovo solo (il volgare fiorentino) andrà pian piano a sostituire il morente latino. Il latino per sua natura e poiché "lingua artificiale", come dichiarerà più volte nel *De vulgari*, è destinato ad essere scavalcato dal volgare, lingua "naturale" per eccellenza. La cosa più notevole è che il Poeta dichiara l'esistenza presente di tale lingua e ne descrive in dettaglio le caratteristiche in *De vulgari eloquentia* I xvi-xix. Giungiamo ora alla cosa sorprendente, cioè che Dante dichiara

---

[116] Ancora non possiamo parlare di dialetti regionali.

[117] Per una descrizione della lingua si veda M. Tavani, *Linguistic Italy*, in Dante in Context, ed. by Zygmunt, G. Barański and Lino Pertile, Cambridge, Cambridge University Press, 2015, pp. 243-259.

[118] Dante Alighieri, *Convivio*, prefazione, note e commenti di Piero Cudini, Milano, Garzanti, 2015, p. 48.

l'esistenza e descrive le caratteristiche di qualcosa che non esisteva. Egli dunque inventa l'Italia linguistica[119]. Come è possibile inventare dal nulla una lingua che non esiste? Il fatto che Dante sia un genio è tautologico e non ha bisogno di spiegazioni, fu proprio la sua genialità, il suo essere al di sopra della normalità, a fargli avere l'intuizione che il volgare fiorentino sarebbe divenuto lingua nazionale. Tale intuizione scaturì dall'osservazione di vari fattori linguisti. Tra i tanti fattori, il primo, che spinse il Poeta a intraprendere il percorso di ricerca che alla fine lo avrebbe portato a individuare un suo concetto di lingua italiana, è una forte motivazione esistenziale, che scaturisce dalle precise circostanze biografiche entro le quali il *De vulgari* è stato concepito. Come si era detto anche precedentemente l'esistenzialismo accompagnerà il poeta in tutta la sua ricerca e permeerà profondamente tutte le sue opere[120]. Il Poeta, dopo essere stato bandito da Firenze il 27 gennaio 1302, e condannato a morte il 10

marzo 1302, per un anno intero tutte le sue forze sono assorbite dall'impegno di militante della *Universitas Alborum*, fuorusciti Bianchi che, unitisi con gli antichi nemici, i vecchi fuorusciti

---

[119] F. Bruni, *Italia. Vita e avventure di un'idea*, Bologna, Il Mulino 2010.
[120] Per un approfondimento sulla visione esistenzialista di Dante si veda M. Veneziani, *Dante, nostro padre: il pensatore visionario che fondò l'Italia: antologia critica*, Firenze, Vallecchi, 2020.

ghibellini, cercano di rientrare a Firenze con le armi, ottenendo anche alcuni incoraggianti successi iniziali. Ma già agli inizi del 1303 i rapporti si incrinano e il Poeta si trasferisce a Verona. Bartolomeo della Scala che nel XVII canto del Paradiso designerà come il «gran lombardo» che per primo gli darà, con la sua liberalità, un rifugio e un ostello degni di questo nome[121]. È proprio in questo momento che decise di scrivere un trattato monumentale in 15 libri, che avrebbe dovuto contenere tutta la filosofi e l'etica dall'antichità sino ai suoi tempi: il *Convivio*. La cosa sorprendente è che decise di scriverlo in volgare e non in un volgare qualunque, ma in quello fiorentino.

Il primo libro del *Convivio* è dedicato a giustificare la scelta di scrivere volgare, e qui troviamo il primo giudizio del Poeta sul volgare. Qui Dante dice che il latino è «più bello, più virtuoso e più nobile» del volgare, «però che lo volgare seguita uso, e lo latino arte» (Cv I v 14)[122]. È proprio su questo punto che è necessario soffermarsi brevemente. Il latino è sì più nobile e bello del volgare, ma per Dante e i suoi contemporanei, che non conoscevano la linguistica del latino parlato, era sentito come una lingua "artificiale" utilizzata solo nella sua forma scritta. Mentre il volgare era appunto sentito come lingua "naturale",

---

[121] R. W. B. Lewis, *Dante Alighieri: una biografia attraverso le opere*, traduzione di Giuseppina Oneto, Roma, Fazi, 2005, p. 83.
[122] Dante Alighieri, *Convivio*, cit., p. 46.

proprio per l'uso parlato che se ne faceva: «però che lo volgare seguita uso»[123]. Il giudizio di Dante sul volgare è mutato col trascorrere del tempo, mai prima del *Convivio* si era espresso così nettamente a favore del volgare. Infatti, una decina di anni prima nella *Vita Nova* (cap. XXV) si era espresso diversamente, affermando che il volgare potesse essere utilizzato solo per la poesia d'amore[124]. Qui nel Convivio, invece, la prosa volgare diventa capace di parlare di filosofia. E infatti la sintassi e la testualità del Convivio sono uno strumento argomentativo molto più potente di quanto non lo fosse la prosa dei volgarizzamenti, di opere dottrinarie dal latino o dal francese, che nel corso del Duecento aveva costruito i presupposti di questa produzione filosofica originale che

Dante intraprende. Il latino però rimane sempre superiore al volgare e a tal proposito risulta esplicativo il passo del Convivio (I i 4):

E io adunque, che non seggio a la beata mensa, ma, fuggito de la pastura del vulgo, a' piedi di coloro che seggiono ricolgo di quello che da loro cade, e conosco la misera vita di quelli che dietro m'ho lasciati, per la dolcezza ch'io sento in quello che a poco a poco ricolgo, misericordievolmente mosso, non me dimenticando, per li miseri alcuna cosa ho riservata, la quale a li occhi loro, già è più tempo, ho dimostrata; e in ciò li ho fatti maggiormente vogliosi. Per che ora volendo loro apparecchiare, intendo fare un generale convivio di ciò

---

[123] *Ibidem.*
[124] Dante Alighieri, *Vita Nova*, Milano, Mondadori, 2013.

ch'i' ho loro mostrato, e di quello pane ch'è mestiere a così fatta vivanda, sanza lo quale da loro non potrebbe esser mangiata. E questo [è quello] convivio, di quello pane degno, con tale vivanda qual io intendo indarno [non] essere ministrata. E però ad esso non s'assetti alcuno male de' suoi organi disposto, però che né denti né lingua ha né palato; né alcuno settatore di vizii, perché lo stomaco suo è pieno d'omori venenosi contrarii, sì che mai vivanda non terrebbe[125].

La nobiltà del latino è paragonata al ruolo di filosofo laico che Dante si è dato. E questa nobiltà del latino, nell'economia delle cose, non può non collegarsi alla nobiltà di sangue[126] che Dante assieme agli stilnovisti tanto aveva avversato. Alla nobiltà di sangue, possibile solo per nascita, viene opposta dagli stilnovisti la nobiltà di cuore, ciò la nobiltà d'animo[127]. A tal proposito non possiamo non citare l'inno al "cor gentile", *Al cor gentil rempaira sempre amore* dello stilnovista Guido Guinizzelli:

Al cor gentil rempaira sempre amore
come l'ausello in selva a la verdura;
né fe' amor anti che gentil core,
né gentil core anti ch'amor, natura:
ch'adesso con' fu 'l sole,
sì tosto lo splendore fu lucente,
né fu davanti 'l sole;
e prende amore in gentilezza loco
così propiamente
come calore in clarità di foco.

---

¹²⁵ Dante Alighieri, *Convivio*, cit., p. 45.
¹²⁶ Nobiltà di nascita.
¹²⁷ Nobiltà eroica che si acquisisce solo con il valore.

Foco d'amore in gentil cor s'aprende
come vertute in petra preziosa,
che da la stella valor no i discende
anti che 'l sol la faccia gentil cosa;
poi che n'ha tratto fòre
per sua forza lo sol ciò che li è vile,
stella li dà valore:
così lo cor ch'è fatto da natura
asletto, pur, gentile,
donna a guisa di stella lo 'nnamora.

Amor per tal ragion sta 'n cor gentile
per qual lo foco in cima del doplero:
splendeli al su' diletto, clar, sottile;
no li stari' altra guisa, tant'è fero.
Così prava natura
recontra amor come fa l'aigua il foco
caldo, per la freddura. Amore in gentil cor prende rivera
per suo consimel loco
com'adamàs del ferro in la minera.

Fere lo sol lo fango tutto 'l giorno:
vile reman, né 'l sol perde calore;
dis'omo alter: «Gentil per sclatta torno»;
lui semblo al fango, al sol gentil valore:
ché non dé dar om fé
che gentilezza sia fòr di coraggio
in degnità d'ere'
sed a vertute non ha gentil core,
com'aigua porta raggio
e 'l ciel riten le stelle e lo splendore.

Splende 'n la 'ntelligenzia del cielo
Deo criator più che 'n nostr'occhi 'l sole:
ella intende suo fattor oltra 'l cielo,
e 'l ciel volgiando, a Lui obedir tole;
e con' segue, al primero,
del giusto Deo beato compimento,

così dar dovria, al vero,
la bella donna, poi che 'n gli occhi splende
del suo gentil, talento
che mai di lei obedir non si disprende.

Donna, Deo mi dirà: «Che presomisti?»,
siando l'alma mia a lui davanti.
«Lo ciel passasti e 'nfin a Me venisti
e desti in vano amor Me per semblanti:
ch'a Me conven le laude
e a la reina del regname degno,
per cui cessa onne fraude».
Dir Li porò: «Tenne d'angel sembianza
che fosse del Tuo regno;
non me fu fallo, s'in lei posi amanza»[128].

Proprio da tale conto origina la combattività dantesca nei confronti della nobiltà di sangue[129]. La composizione di Guinizzelli può essere intesa come il manifesto stilnovista al "cor gentile". Dante e gli stilnovisti tutti vogliono insegnare ai nobili quale sia la vera nobiltà[130]. Di fronte alla conflittualità permanente e alle lotte fratricide in cui vede avvitarsi i regimi comunali – stato di cose di cui lui, «exul immeritus», è vittima

---

[128] Guido Guinizzelli, *Rime*, premessa e commento di Pietro Pelosi, Napoli, Liguori, 1998, p. 17.

[129] Per un approfondimento su nobiltà di sangue, d'animo e di toga si veda: R. Renzi, *Studi e riflessioni sull'evoluzione del ceto nobiliare: tra la fine del medioevo e la prima età moderna*, Padova, Primiceri, 2022.

[130] G. Fioravanti, *La nobiltà spiegata ai nobili. Una nuova funzione della filosofia*, in *Il «Convivio» di Dante. Atti del Convegno di Zurigo (21-22 maggio 2012)*, a cura di J. Bartuschat e A.A. Robiglio, Ravenna, Longo 2015, pp. 157-163.

conclamata, o almeno così si sente, - inizia a prendere forma un'idea di Italia in cui sono proprio i nobili a farsi carico del governo della città[131]. È proprio in questi anni che si iniziano a sviluppare le prime signorie, si pensi agli Scaligeri, agli Estensi o ai Montefeltro.

Tornando alla nostra lingua, il Poeta oppone alla nobiltà del latino, la "naturalità" del volgare. Per giungere a parlare di nobiltà del volgare bisogna aspettare la stesura del *De vulgari*. La domanda che però ora bisogna porsi, è come mai a Dante venne in mente di scrivere un trattato linguistico-teorico? La risposta non è semplice, anzi risulta piuttosto intricata. Per ricercare una prima risposta bisogna risalire all'*incipit* della Politica di Aristotele commentata da San Tommaso:

Cum ergo homini datus sit sermo a natura, et sermo ordinetur ad hoc, quod homines sibi invicem communicent in utili et nocivo, iusto et iniusto, et aliis huiusmodi; sequitur, ex quo natura nihil facit frustra, quod naturaliter homines in his sibi communicent. Sed communicatio in istis facit domum et civitatem. Igitur homo est naturaliter animal domesticum et civile[132].

Tale commento risulta fondamentale per la genesi del *De vulgari*. Il passo ci dice che il concetto di *locutio* che sta alla base

---

[131] R. Renzi, *Studi e riflessioni,* cit., pp. 12-15.
[132] Commento all'uomo politico di San Tommaso.

del trattato è un concetto attinente alla sfera politica. La facoltà del linguaggio, che la natura ha dato fra tutti gli animali solo e solamente all'uomo, perciò la capacità base che distingue l'uomo dall'animale è proprio il linguaggio, il potersi esprimere ed esprimere concetti complessi. Il comunicare per mezzo della parola è inscindibile dal vivere insieme, in comunità civili. Dunque la convivenza civile è possibile solamente in presenza del linguaggio.

Tornando al *De vulgari* proprio nel primo capitolo è presente il famoso enunciato della maggiore importanza del volgare rispetto al latino. Posta l'esistenza di due tipologie di linguaggio, quello naturale (*locutio vulgaris*) e quello di secondo grado (*locutio secundaria*, cioè il latino), Dante scrive (VE I i 4-5):

Harum quoque duarum nobilior est vulgaris: tum quia prima fuit humano generi usitata; tum quia totus orbis ipsa perfruitur, licet in diversas prolationes et vocabula sit divisa; tum quia naturalis est nobis, cum illa potius artificialis existat. Et de hac nobiliori nostra est intentio pertractare[133].

Tale giudizio è completamente l'opposto di quello apparso nel *Convivio* solo alcuni mesi prima. Su tale discordanza sono stati scritti e si continuano a scrivere fiumi di inchiostro. Si sono dette

---

[133] De vulgari eloquientia: «Di questi due, il più nobile è quello volgare: sia perché è stato usato dal genere umano per primo; sia perché ne fruisce il mondo intero, per quanto sia diviso in diverse pronunce e in diverse parole».

le cose più disparate, a mio modestissimo parere, tale evoluzione di giudizio si spiegherebbe con le vicende accadute al Poeta in quei pochi mesi, dovute non a sue scelte, ma ad esenti storici più grandi di lui. Dante non è più a Verona presso la corte degli Scaligeri, ma a Bologna che come la sua Firenze è un "regime di popolo"[134]. Bologna, però a differenza di Firenze, è la sede

[134] R. W. B. Lewis, *Dante Alighieri*, cit., p. 91. Si veda anche: O. Capitani, *Storia di Bologna*, Vol. 2 - Bologna nel Medioevo, Bologna, Bononia University Press, 2007. Fra la seconda metà del Duecento e la prima metà del Trecento le lotte tra guelfi e ghibellini infiammarono anche la politica cittadina e del contado. In particolare, gli anni '70 del Duecento furono caratterizzati da violentissimi scontri fra le fazioni ghibelline dei Lambertazzi e quelle guelfe dei Geremei. Esse culminarono nel 1274 con l'espulsione di circa 12.000 esponenti dei Lambertazzi, che ripararono in Romagna, soprattutto a Forlì e a Faenza. Questo offrì il pretesto alla ormai completamente guelfa Bologna per attaccare la ghibellina Forlì l'anno successivo. Il tentativo fallì e le truppe ghibelline di Guido da Montefeltro, di Maghinardo Pagani e di Teodorico degli Ordelaffi, misero in fuga i bolognesi presso il fiume Senio, al ponte di San Procolo. La rotta fu tanto grave che il carroccio dei bolognesi venne portato in trionfo a Forlì, e Bologna perse la supremazia sulla Romagna. Dalla svolta politica di Bologna verso un guelfismo radicale trasse profitto il papato, che in quel periodo stava ristabilendo il controllo territoriale sulla penisola. Nel 1278 il governo guelfo prestò giuramento e fedeltà al papa Niccolò III, che da quel momento divenne sovrano di Bologna. In linea con la sua politica nepotista, il papa nominò suo nipote Bertoldo Orsini governatore della città. Attraverso la mediazione papale si raggiunse nel 1279 una fragile pace cittadina che permise il ritorno della maggior parte dei Lambertazzi fuoriusciti. Tuttavia le lotte si riaccesero ben presto, e già l'anno successivo i Lambertazzi vennero cacciati nuovamente e definitivamente. La Rocca di Galliera, teatro della rivolta cittadina contro il cardinal Bertrando, nel 1334.
Protrattesi anche nel Trecento, le continue lotte tra guelfi e ghibellini determinarono un calo della popolazione cittadina e una continua belligeranza con Modena, che sfociò nel 1325 nella disfatta di Zappolino. A seguito della sconfitta, Bologna si affidò ancora una volta alla tutela papale, la cui corte nel frattempo si era trasferita ad Avignone. Vedendo in Bologna una possibile testa di ponte per un rientro in Italia, il papa Giovanni XXII nominò nel 1327 cardinale legato di Bologna il nipote Bertrand du Pouget, il quale instaurò un regime autoritario malvisto dai bolognesi.[9] A seguito di una serie di rivolte, nel 1334 il cardinale legato fu cacciato a furor di popolo e, dopo un breve e turbolento intermezzo comunale, ebbe inizio la signoria di Taddeo Pepoli, definita da alcuni studiosi una cripto-signoria, perché la famiglia cercò di governare ponendosi come primi tra pari piuttosto che come veri e propri signori della città. La

del più antico studio universitario della penisola[135] e Dante può aspirare ad un qualche riconoscimento. Bologna è la capitale italiana delle *artes dictandi*, cioè della retorica in latino e in volgare. In questo conteso Dante rielabora le sue strategie e punta alla massima valorizzazione del volgare e con essa, alla valorizzazione di sé stesso come portavoce dei retori volgari. Una frase che certifica tale mutazione di pensiero risiede in *De vulgari* (I xvii 5-6):

Quod autem [vulgare illustre] honore sublimet, in promptu est. Nonne domestici sui reges, marchiones, comites et magnates quoslibet fama vincunt? Minime hoc probatione indiget. Quantum vero suos familiares gloriosos efficiat, nos ipsi novimus, qui huius dulcedine glorie nostrum exilium postergamus.

Qui Dante afferma che il volgare colma e onora i suoi adepti e i migliori retori volgari possono quasi puntare ad uno scavalcamento sociale. Ed ecco che ritorna il binomio tra nobiltà di sangue e nobiltà d'animo, la prima si accompagna al latino, la seconda al volgare. Dunque si evince con facilità che risulta impossibile scindere le strategie intellettuali del Poeta da ciò che

---

signoria dei Pepoli terminò poco dopo la morte di Taddeo (avvenuta nel 1347), giacché tre anni dopo i suoi figli furono costretti a vendere la città ai Visconti di Milano. Nel 1348 Bologna venne colpita dalla peste nera, che causò circa 17.000 morti, riducendo la città a 25.000 abitanti.

[135] G. Arnaldi, *A Bologna tra maestri e studenti*, in *Il pragmatismo degli intellettuali. Origini e primi sviluppi dell'istituzione universitaria, Antologia di storia medievale. I florilegi*, vol. 5, Torino, Scriptorium, 1996, pp. 47-66.

egli stava vivendo proprio in quegli anni. Scindendo le due cose sarebbe impossibile fornire una chiara spiegazione ai suoi repentini mutamenti di giudizio.

Sia nel caso del *Convivio*, sia nel caso del *De vulgari eloquentia*, Dante genera dal nulla un progetto culturale di amplissimo respiro. Entrambi i progetti sono ideati su misura per i due rispettivi ambienti nei quali in successione egli si trova a vivere, quello di Verona e quello di Bologna. Gli ambienti, le temperie culturali, le tipologie di governo andarono sempre ad influenzare Dante e le sue opere, esse, infatti, a mio modestissimo parere, non possono essere scisse dalla vita politica che Dante ha condotto.

La lingua italiana, dunque, è nata come lingua poetica per illuminata volontà degli imperatori svevi, e dopo di loro, essendo vacante il trono imperiale, è stata tramandata e tenuta viva per quasi un secolo dai poeti fiorentini e bolognesi, che richiamandosi alla nobiltà di cuore, hanno assurto a guardie e sviluppatori nella nascente lingua. Nel capitolo XIII del *De vulgari* avviene un fatto paradossale, Dante cerca di convincere i lettori che la vera lingua italiana non sia quella toscano-fiorentina, descrivendo questo idioma come irrispettoso e presuntuoso, come coloro che lo parlano:

Post hec veniamus ad Tuscos, qui propter amentiam suam infroniti titulum sibi vulgaris illustris arrogare videntur. Et in hoc non solum plebeia dementat intentio, sed famosos quamplures viros hoc tenuisse comperimus: puta Guittonem Aretinum, qui nunquam se ad curiale vulgare direxit, Bonagiuntam Lucensem, Gallum Pisanum, Minum Mocatum Senensem, Brunectum Florentinum, quorum dicta, si rimari vacaverit, non curialia sed municipalia tantum invenientur. Et quoniam Tusci pre aliis in hac ebrietate baccantur, dignum utileque videtur municipalia vulgaria Tuscanorum sigillatim in aliquo depompare. Locuntur Florentini et dicunt Manichiamo introcque, che noi non facciamo altro. Pisani: Bene andonno li fanti de Fiorensa per Pisa. Lucenses: Fo voto a Dio ke in gassarra eie lo comuno de Lucca. Senenses: Onche renegata avess' io Siena, ch' ee chesto? Aretini: Vuo' tu veiđe ovelle?

Risulta dunque evidente che il Poeta vuole, con tutte le sue forze intellettuali, trovare questa lingua lirica italiana comune, e vuole che questa lingua non sia il toscano-fiorentino —so benissimo che la cosa possa sembrare paradossale, visto che è la lingua nella quale scrivono poesie lui, il suo primo amico Guido Cavalcanti, il suo altro amico Cino da Pistoia e altri loro sodali. Dante riuscì nell'impresa di trovare questa lingua comune attraverso due operazioni: una empirica e l'altra filosofica. Quella empirica si realizza attraverso la forzatura delle attestazioni linguistiche siciliane, toscane e bolognesi. Per quanto concerne il siciliano, il Poeta è aiutato in modo decisivo dal fatto che i manoscritti originali delle poesie siciliane, che erano scritte in siciliano, erano andati perduti, e che lui, come chiunque altro, leggeva quelle poesie nella veste toscanizzata prodotta dai copisti toscani[136].

Per quanto riguarda le altre due realizza delle forzature.

Quella realizzata da Dante per l'affermazione di un volgare nazionale, fu quasi come la Donazione di Costantino[137], realizzata dalla chiesa per la legittimazione del potere temporale.

Dante doveva riuscire nella complessa operazione di legittimare una lingua che nella pratica ancora non esisteva. Il Poeta dove

---

[136] F. M. Pugliese, *Importanza del volgare in Capitanata al tempo della scuola siciliana*, in *Archivio pugliese*, anno 4., 1951, fasc. 1.

[137] La Donazione di Costantino (in latino: Constitutum Constantini) è un documento apocrifo costituito da un falso editto dell'imperatore Costantino I contenente concessioni alla Chiesa cattolica e utilizzato per giustificare la nascita del potere temporale dei pontefici. Conservato in copia nei Decretali dello Pseudo-Isidoro (IX secolo) e, per interpolazione filologica, nel Decretum Gratiani del giurista Graziano (XII secolo), nel 1440 è stato dimostrato falso dal filologo italiano Lorenzo Valla, il quale fece notare che il testo era scritto in un latino non riconducibile a quello in uso nel IV secolo e che dunque doveva risalire a un'epoca ben più prossima alla sua scoperta. La critica storica ha riservato molta attenzione a questo documento: si segnala, ad esempio, come lo storico Federico Chabod dedicò a esso varie pagine del suo Lezioni di metodo storico. Dopo una nutrita sezione agiografica, il documento, recante la data del 30 marzo 315, afferma di riprodurre un editto emesso dall'imperatore romano Costantino I. Con esso l'imperatore avrebbe attribuito al papa Silvestro I e ai suoi successori le seguenti concessioni: il primato (principatum) del vescovo di Roma sulle chiese patriarcali orientali: Costantinopoli, Alessandria d'Egitto, Antiochia e Gerusalemme;
la sovranità del pontefice su tutti i sacerdoti del mondo;
la sovranità della Basilica del Laterano, in quanto "caput et vertex", su tutte le chiese;
la superiorità del potere papale su quello imperiale.
Inoltre la Chiesa di Roma ottenne secondo il documento gli onori, le insegne e il diadema imperiale ai pontefici, ma soprattutto la giurisdizione civile sulla città di Roma, sull'Italia e sull'Impero romano d'Occidente. L'editto confermerebbe inoltre la donazione alla Chiesa di Roma di proprietà immobiliari estese fino in Oriente. Ci sarebbe stata anche una donazione a papa Silvestro in persona del Palazzo del Laterano.
Si veda:
G. M. Vian, *La donazione di Costantino*, Bologna, 2004; M. Regoliosi, *Vian, Giovanni Maria: Valla e la donazione di Costantino tra storia e apologia*, «Cristianesimo nella storia» (2007), p. 679.

non riuscì ad arrivare con le evidenze linguistiche, né creò lui delle nuove.

Il primo che riesaminò criticamente il *cliché* di Dante padre della lingua italiana fu Bruno Migliorini[138]:

---

[138] Nato a Rovigo nel 1896, dopo aver terminato il liceo, studiò due anni all'Università Ca' Foscari di Venezia, quindi alla Facoltà di Lettere dell'Ateneo di Padova. Dopo Caporetto, seguendo in questo la sorte di molte altre famiglie venete dell'epoca, dovette sfollare a Roma, dove, all'Università "La Sapienza", conobbe quelli che divennero i suoi maestri — i filologi Ernesto Monaci e Cesare De Lollis — e partecipò, sin dal primo fascicolo, a La Cultura. Già lettore di francese e incaricato di Linguistica neolatina a Pisa (1920-1933), fu redattore capo della Enciclopedia Italiana dal 1930 al 1933, quando succedette a Angelo Monteverdi nella cattedra di Lingue e letterature neolatine dell'Università di Friburgo (1933-1938). Quindi ricoprì la prima cattedra ufficiale di Storia della lingua italiana, inaugurata appositamente dall'Università di Firenze nel 1938. Mantenne tale incarico fino al 1967.
Nel 1939 fondò con Giacomo Devoto la rivista Lingua nostra, di cui in seguito divenne direttore. Si deve a lui il termine regista, introdotto negli anni trenta al posto del francesismo regisseur, durante la campagna di italianizzazione delle parole straniere del regime fascista.Nella sua concezione, nota anche con il nome di neopurismo, il compito dello studioso non è solo quello di limitarsi a descrivere la realtà linguistica, ma d'intervenire attivamente nello sviluppo dell'italiano, tendendo a escludere dalla lingua quelle voci straniere e quei neologismi che siano in contrasto con la struttura della lingua, favorendo, invece, i neologismi necessari e ben foggiati. Presidente dell'Accademia della Crusca dal 1949 al 1963[1] e socio nazionale dell'Accademia dei Lincei dal 1958, è stato uno dei linguisti italiani più autorevoli del XX secolo. Fu anche direttore responsabile della rivista Studi di filologia italiana dal 1958 al 1962. Nella sua opera si occupò prevalentemente dei problemi della lingua nazionale e del rapporto fra lingua e cultura, e secondariamente della ricerca delle lingue ausiliarie internazionali e in particolare dell'esperanto, che aveva appreso in giovane età. Tra gli esponenti del movimento esperantista italiano, redasse il Manuale di Esperanto. Fu membro del Comitato Linguistico dal 1922 e poi dell'Accademia di Esperanto dal 1925, di cui fu anche vicepresidente fino alle dimissioni nel 1938. Ne fu nuovamente Socio Corrispondente dal 1973 al 1975. Nel 1923 fu membro onorario della Cattedra italiana di Esperanto, oggi Istituto Italiano di Esperanto. Nel 1919 aveva partecipato alla fondazione della sua sezione romana, il Roma Esperanto-Instituto, assieme a Luigi Giambene, Alfredo Stromboli e D. Cossaro; l'associazione si proponeva di promuovere «[...] l'insegnamento della lingua ausiliaria internazionale [...] e la diffusione del suo utilizzo nelle relazioni internazionali»

prima di lui alla preponderanza schiacciante del latino, e all'uso occasionale delle due lingue di Francia, letterariamente insigni, non si contrapponevano che dialetti in via di dirozzamento, e tentativi sporadici di assurgere all'arte e alla bellezza. Tutta l'opera di Dante ha una "carica" spirituale nuova e potente, che (…) fa d'un balzo assurgere l'italiano al livello di grande lingua, capace di alta poesia e di speculazioni filosofiche[139].

La paternità per Migliorini consiste nell'aver dato piena dignità a quella lingua volgare. Dante non può essere inoltre considerato il padre di qualcosa che lui non ha nominato, egli infatti non menziona mai né "lingua italiana", né l'aggettivo "italiano".

---

[139] B. Migliorini, *Storia della lingua italiana*, Milano, Bompiani, 1987 (nuova ed.), p. 167.

Tale aggettivo però è già presente nel lessico dei poeti volgari, il primo ad utilizzarlo fu Brunetto Latini[140] nel *Tresor*[141] per

____

[140] Brunetto era figlio di Buonaccorso e nipote di Latino Latini, appartenente ad una nobile famiglia toscana. La datazione approssimativa della nascita all'inizio degli anni Venti si desume dal fatto che nel 1254 divenne notaio; nel 1259 ricoprì l'incarico di scriba degli anziani del comune di Firenze e fu capo del Comune di Montevarchi. Le fonti storiche e una serie di documenti autografi testimoniano la sua attiva partecipazione alla vita politica di Firenze. Come egli stesso narra nel Tesoretto, fu inviato dai suoi concittadini alla corte di Alfonso X di Castiglia, per richiedere il suo aiuto in favore dei guelfi. Tuttavia (sempre secondo il poemetto) la notizia della vittoria dei ghibellini a Montaperti (4 settembre 1260) costrinse Brunetto all'esilio in Francia. Qui dimorò per sette anni tra Montpellier, Arras, Bar-sur-Aube e Parigi, esercitando (come già a Firenze) la professione di notaio, come testimoniano gli atti da lui stesso rogati. Qui iniziò a scrivere le sue principali opere: il Tresore, il Tesoretto e il Favolello (dal francese Flabel). I cambiamenti politici conseguenti alla vittoria di Carlo I d'Angiò a Benevento su Manfredi di Svevia consentirono il ritorno di Brunetto in Italia. Nel 1269 diventò protonoataro del viacrio angioino per la Toscana, nel 1273 fu risarcito del torto subito, con il titolo di Segretario del Consiglio della repubblica, stimato ed onorato dai suoi concittadini. La sua influenza divenne tale che a partire dal 1279 si trova a malapena nella storia di Firenze un avvenimento pubblico importante al quale Brunetto non abbia preso parte. A favore della borghesia comunale egli elaborò un programma laico e civile, che, mantenendosi al di fuori della cultura universitaria e rivolgendosi ad un pubblico intermedio tra i dotti e gli indotti, mirava ad un uso, consapevole e colto, della retorica nella politica,
Nel 1280 contribuì notevolmente alla riconciliazione temporanea tra guelfi e ghibellini detta "pace del Cardinal Latino". Più tardi (1284) presiedette il congresso dei sindaci in cui fu decisa la rovina di Pisa. Nel 1287 Brunetto Latini fu elevato alla dignità di Priore. Questi magistrati, in numero di dodici, erano stati previsti nella costituzione del 1282. La sua parola si faceva frequentemente sentire nei Consigli generali della repubblica. Era uno degli arringatori, od oratori, più frequentemente designati.
Conservò integre le sue facoltà anche in età avanzata e morì nel 1294 (come scrive il Villani) o nel 1295 (come affermato da altre fonti). La tomba di Brunetto Latini è stata ritrovata nella chiesa di Santa Maria Maggiore di Firenze, ed è segnalata da un'antica colonnetta nella cappella a sinistra dell'altare maggiore.
Si veda: C. Davis, *Brunetto Latini and Dante*, "Studi medievali", II 1967, pp.421–450.
[141] Si tratta di un poema (incompiuto o mutilo) scritto in volgare fiorentino, in settenari a rima baciata, narrato in prima persona da Mastro Brunetto. L'autore definisce l'opera Tesoro, ma il nome Tesoretto è presente già nei manoscritti più antichi (fine del XIII secolo), presumibilmente per distinguerla dalle traduzioni italiane del Tresor. Il protagonista, sconfortato dalla notizia della disfatta di Montaperti, si perde in una "selva diversa". Nella sua peregrinazione si imbatte nelle personificazioni della

indicare coloro che vivevano al di qua delle Alpi[142]. Interessanti inoltre sono le qualificazioni utilizzate da Dante nel *De vulgari* per indicare gli altri volgari europei e per far avere a quello italiano il medesimo prestigio dei francesi *oc* e *oil*[143]. Proprio come il latino, «nella teorica dantesca, risulta dalla sintesi e dall'elaborazione secondaria delle lingue naturali post-babeliche (e in particolare di quella o di quelle che si parlavano nel cuore dell'imperium, cioè in Italia), anche il nuovo volgare letterario di cui il trattato prospetta la formazione sarà frutto di una sintesi degli elementi qui individuati, cioè i volgari locali»[144]. Le parole

---

Natura e delle Virtù, che gli illustrano la composizione del Mondo e i modelli di comportamento cortesi. Il poema si interrompe nel momento in cui il protagonista incontra Tolomeo, che sta per spiegargli i fondamenti dell'astronomia. Influenzato da un lato dal romanzo cortese in lingua d'oïl, dall'altro dai poemi allegorici medio-latini e francesi, Brunetto realizza un'opera che da una parte della critica è ritenuta tra i precursori diretti della Commedia.

Si veda: B. Latini, *Tresor*, a cura di P. G. Beltrami, P. Squillacioti, P. Torri e S. Vatteroni, Torino, Einaudi, 2007, p.7.

[142] L. Tomasin, *Italiano. Storia di una parola*, Roma, Carocci, 2011, pp. 43-45.

[143] De vulgari eloquientiae, I IX 2: «Est igitur super quod gradimur ydioma tractando tripharium, ut superius dictum est: nam alii oc, alii sì, alii vero dicunt oïl». A tal proposito si rivelano illuminanti le parole di Mirko Tavani: «La formulazione è perfettamente chiara e lineare, ed è incompatibile con l'errata idea (di Marigo e successori) che a Babele si sia formato un "primo idioma trifario" europeo, includente in sé, in potenza, il "romanzo", il "germanico" e il "greco". I quali si sarebbero poi diversificati, il primo diventando il "secondo idioma trifario", cioè a sua volta un idioma ancora unito ma potenzialmente tripartito in oc, sì, oïl» (Dante Alighieri, Opere, ed. diretta da M. Santagata, vol. I, a cura di C. Giunta, G. Gorni, M. Tavoni, Milano, Mondadori, 2011, p. 1215).

[144] L. Tomasin, *Dante e l'idea di lingua italiana*, in *Letture Classensi, Dante e la lingua italiana*, a cura di Mirko Tavani, v. 41, Ravenna, Longo Editore, 2012, p. 31.

del linguista Lorenzo Tomasin[145] sono estremamente interessanti per comprendere la teorica linguistica dantesca.

Dunque, apprestandoci a dare una chiusa al dibattito, il Sommo Poeta riuscì dove tutti i poeti volgari che lo hanno preceduto, hanno fallito o semplicemente non hanno per nulla tentato. Dante riuscì nell'impresa andando a modificare anche le carte in tavola, ma l'azzardata mossa si rivelò vincente.

---

[145] Lorenzo Tomasin (Venezia, 1975) ha studiato alla Scuola Normale di Pisa (corso ordinario, 1994-1998, perfezionamento 1998-2002), dove è stato anche ricercatore (2003-2006). È poi passato a Ca' Foscari (2006) come professore associato di Linguistica italiana e a Losanna (2012) come ordinario di Storia della lingua italiana e poi anche di Filologia romanza (2014). Ha ottenuto una Venia legendi in Romanische Philologie a Saarbrücken (2017). È socio corrispondente dell'Accademia della Crusca, dell'Accademia dell'Arcadia e dell'Istituto Veneto di Scienze, Lettere ed Arti. I suoi interessi riguardano la storia linguistica di Venezia e della sua regione, con particolare riferimento all'età medievale; la storia dell'italiano letterario e di quello non letterario; la storia, i problemi e i metodi della filologia romanza; la linguistica storica, la lessicografia e l'etimologia romanze, con peculiare attenzione all'Italoromania; gli intrecci tra romanistica e cultura europea, con speciale riguardo al tema della storia del contatto linguistico. Tra i suoi volumi, Il volgare e la legge. Storia linguistica del diritto veneziano (Padova, Esedra, 2001), «Classica e odierna. Studi sulla lingua di Carducci» (Firenze, Olschki, 2009), L'impronta digitale. Cultura umanistica e tecnologia (Roma, Carocci, 2017), Il caos e l'ordine. Le lingue romanze nella storia della cultura europea (Torino, Einaudi, 2019), Europa romanza. Sette storie linguistiche (Torino, Einaudi, 2021). Dirige, con Luca D'Onghia, il Vocabolario storico-etimologico del veneziano (VEV), e ha codiretto la Storia dell'italiano scritto, pubblicata in sei volumi da Carocci tra il 2014 e il 2021. Ha ricevuto il premio Brunacci della città di Monselice, il premio Segarizzi-Lazzarini della Deputazione di Storia patria per le Venezie, il premio Cesare Pavese e il premio Mondello-critica. È membro del comitato scientifico dell'Italia dialettale, di Medioevo letterario d'Italia, della Rivista italiana di dialettologia, di Quaderni veneti. Lavora nella commissione filologica del Vocabolario dei dialetti della Svizzera italiana e nel Comitato per la pubblicazione delle fonti relative alla Storia di Venezia. Collabora con le pagine culturali di giornali italiani (tra gli altri, Il Sole-24ore) e svizzeri (Corriere del Ticino) ed è membro della giuria dei letterati del premio Campiello Letteratura.

Pasolini, Dante, il dialetto friulano e la neolingua

In questo contributo ho voluto unire allo studio di Dante uno dei campi di ricerca che prediligo: l'opera di Pasolini. Su Pasolini in questi ultimi anni, molto ho scritto, R. Renzi e L. Berdini, *Petrolio il classico Pasolini*, in *Inchiostro Rivista di storie e racconti*[146], R. Renzi e L. Berdini, *Petrolio di Pier Paolo Pasolini: quando il mito diventa epica*, in *Riscontri*[147] e R.

---

[146] R. Renzi e L. Berdini, *Petrolio il classico Pasolini*, in *Inchiostro Rivista di storie e racconti*, n. 88, agosto 2022.

[147] R. Renzi e L. Berdini, *Petrolio di Pier Paolo Pasolini: quando il mito diventa epica*, in *Riscontri*, Anno XLIV, n.1, gennaio-aprile 2022.

Renzi, *"Petrolio" di Pasolini: un viaggio attraverso il poema interrotto*, in *Avanguardia rivista di letteratura contemporanea*[148], questo solo per citare i più significativi, ma prima d'oggi mai mi era balenato per la testa di incentrare un contributo sui parallelismi tra Pasolini e il Sommo Poeta.

Il rapporto tra la poesia e Pier Paolo Pasolini si caratterizza per la sua assoluta inscindibilità. Negli anni Quaranta del Novecento, il giovane Pasolini più volte tornò con saggi critici sulla tradizione della poesia dialettale friulana. Nei suoi scritti rivendica a sé stesso e ai suoi adepti dell'*Academiuta* il ruolo di iniziatori di una poesia in una lingua non ancora scritta, il friulano di Casarsa[149]. In tal modo il giovane poeta si va

---

[148] R. Renzi, *"Petrolio" di Pasolini: un viaggio attraverso il poema interrotto*, in *Avanguardia rivista di letteratura contemporanea*, n. 77, 2022.

[149] Gli insediamenti umani nel territorio del comune di Casarsa sono documentati fin dall'età del Bronzo. Inferiore e del Ferro, testimoniati dalla presenza dei cosiddetti "castellieri", in particolare nella zona di San Giovanni, e grazie al rinvenimento di selci e cocci. Un insediamento umano preistorico più ampio abbracciava un'area compresa tra San Vito, Casarsa e Bannia (area conosciuta come Sédulis). In età romana, il territorio era attraversato da strade, ed esisteva un insediamento umano stabile nella parte occidentale del comune; a supporto di tale tesi, il ritrovamento di vari reperti archeologici, oggi conservati presso il Civico Museo di San Vito al Tagliamento. Si tratta per lo più di laterizi, materiale musivo, frammenti di anfore e pesi per bilance. La presenza di un insediamento abitativo stanziale è accertata anche in seguito alla caduta dell'Impero, quando Casarsa era un'arimannia longobarda, che presidiava militarmente l'antica via romana, ancora in uso. Proprio a questo periodo parrebbe riconducibile l'episodio (l'incendio ed il saccheggio) che diede il nome al paese. La strada principale era la Via Iulia Augusta che da Mestre si dirigeva ad Udine. A questo attraversamento confluivano anche la Via Postumia, la Via Germanica e la via Concordia Sagitaria-Casarsa della Delizia. Nominata per la prima volta in una bolla di Papa Lucio III nel 1183, Casarsa era allora alle dipendenze dell'Abbazia di Sesto al Reghena, mentre San Giovanni dipendeva direttamente dal Vescovo di Concordia. La Pieve di San Giovanni, a sua volta, aveva la qualifica di "pieve

immediatamente a contrapporre alla tradizione vernacolare di Pietro Zorutti[150]. Fin dalla giovinezza egli prese a modello il Sommo Poeta[151], questo lo si evince anche da fatto che egli abbia voluto rivendicare l'utilizzo poetico di una lingua non ancora scritta, proprio come aveva fatta Dante sei secoli prima[152]. Uno dei suoi primi scritti su tale tema comparve nel 1944 sul periodico *Stroligut di cà da l'Aga*. Il brano recava titolo: *Dialet,*

---

vescovile", ed era Chiesa Matrice di Casarsa (fino al 1440), San Vito (fino al 1258), Prodolone (fino al 1694) e San Lorenzo (fino al 1586). Parte della Patria del Friuli, dapprima, ha seguito poi le sorti della Repubblica di Venezia. In età napoleonica, dal punto di vista amministrativo, ha fatto parte, per circa un anno (1806-1807), del Dipartimento di Passariano, con capoluogo Udine, per poi passare al Dipartimento del Tagliamento, con capoluogo Treviso, assieme al resto del Distretto di Pordenone (1807-1814), ed è stata infine annessa all'Italia nel 1866. Nel 1847 il comune di Casarsa ha incorporato parte del soppresso comune di San Giovanni (che comprendeva anche Prodolone, incorporata a San Vito), nonché la località Sile, scorporata da Orcenico Inferiore, assumendo così l'attuale estensione territoriale. Il maggior sviluppo del territorio casarsese si è avuto a partire dalla seconda metà del XIX secolo, grazie alle nuove opere infrastrutturali (ferrovie e strade), che sono state di impulso alla creazione di nuove attività commerciali ed industriali. È oggi un importante centro agricolo (in particolare nel settore vitivinicolo) situato in prossimità della sponda destra del fiume Tagliamento ed un nodo ferroviario di primaria importanza per tutta la provincia di Pordenone (linee per Udine-Trieste, Venezia, Portogruaro, Spilimbergo-Pinzano al Tagliamento-Gemona). Fino alla fine della Guerra Fredda fu anche uno dei più noti centri militari italiani, per poi veder ridimensionata di molto la presenza dell'esercito nella zona, a causa delle mutate condizioni geopolitiche dell'area. La sua importanza come nodo ferroviario e stradale, nel corso dell'ultima guerra, le costò la semidistruzione del centro abitato ad opera degli Alleati. Importante figura culturale della cittadina è stato indiscutibilmente il poeta Pier Paolo Pasolini, che visse a Casarsa, paese d'origine della madre, dal 1942 al gennaio 1950. Pasolini è sepolto nel cimitero comunale, in una tomba adiacente a quella della madre. A poca distanza riposano le spoglie del padre e dell'unico fratello.
[150] Si veda A. Gentile, *Pietro Zorutti e Trieste*, in *Archeografo triestino*, vol. 14-15 della 4 serie, Trieste, Arti grafiche L. Smolars & nipote, 1948, pp. 122-128.
[151] Riferimento a Dante Alighieri.
[152] L'ossessione per Dante si farà sempre più viva nella stesura della *Divina Memesis*.

lenga e stil[153]. Lui stesso ribadisce con forza nello scritto vernacolare che il processo di formazione dialettale friulano è paragonabile solo a quello compiuto dai poeti stilnovisti. Pasolini afferma che al friulano sono mancate quelle figure eccelse che hanno reso, ad esempio, il fiorentino lingua nazionale.

Per due anni il tema non venne più toccato, sino all'autunno del 1946 e poi nel 1949, quando Pasolini affermò a più riprese la necessità di fondare una poesia dialettale friulana[154].

Le prime sperimentazioni poetiche in dialetto friulano risalgono agli inizi degli anni Quaranta, di seguito alcune delle più celebri redatte tra il 1941 e il 43:

IL NINI MUÀRT

Sera imbarlumida, tal fossàl
a cres l'aga, na fèmina plena
a ciamina pal ciamp.
Jo ti recuardi, Narcìs, ti vèvis il colòur
da la sera, quand li ciampanis
a sùnin di muàrt[155].

---

[153] P. P. Pasolini, *Dialet, lenga e stil,* in *Stroligut di cà da l'Aga,* aprile 1944.

[154] P. P. Pasolini, *Academiuta di lenga furlana*, in *Stroligut di cà da l'Aga,,* agosto 1946.

[155] P. P. Pasolini, *Tutte le poesie, I,* Milano, Mondadori, 2003. Precedentemente era stata pubblicata in *La meglio gioventù* (1954), facente parte della raccolta *Poesie a Casarsa* (1941-1943). Traduzione: «Il fanciullo morto. Sera luminosa, nel fosso cresce l'acqua, una donna incinta cammina per il campo. Io ti ricordo, Narciso, avevi il colore della sera, quando le campane suonano a morto».

La poesia è ispirata all'uccisione di un giovane nei pressi della località Casarsa a causa dei bombardamenti durante la seconda guerra mondiale.

CIANT DA LI CIAMPANIS

Co la sera a si pièrt ta li fontanis
il me païs al è colòur smarìt.
Jo i soj lontàn, recuardi li so ranis,
la luna, il trist tintinulà dai gris.
A bat Rosari, pai pras al si scunìs:
io i soj muàrt al ciant da li ciampanis.
Forèst, al me dols svualà par il plan,
no ciapà pòura: io i soj un spirt di amòur
che al so païs al torna di lontàn[156].

La poesia pasoliniana di questo primo periodo è una poesia attaccata alla sua terra sia verbalmente che tematicamente, in alcuni tratti ricorda quella leopardiana de *Il Sabato del villaggio*. Nei suoi versi risuona, in tutti i sensi, quella tradizione contadina ancora viva in quegli anni, che invece qualche anno più tardi

---

[156] P. P. Pasolini, *Tutte le poesie, I,* Milano, Mondadori, 2003. Precedentemente era stata pubblicata in *La meglio gioventù* (1954), facente parte della raccolta *Poesie a Casarsa* (1941-1943). Traduzione: «Canto delle campane, Quando la sera si perde nelle fontane, il mio paese è di colore smarrito.
Io sono lontano, ricordo le sue rane, la luna, il triste tremolare dei grilli.
Suona Rosario, e si sfiata per i prati: io sono morto al canto delle campane.
Straniero, al mio dolce volo per il piano, non aver paura: io sono uno spirito d'amore, che al suo paese torna di lontano».

dovrà andare a ricercare nei sobborghi proletari della periferia

urbana come in *La Divina Memesis*.

A NA FRUTA

Lontàn, cu la to pièl
sblanciada da li rosis,
i ti sos una rosa
ch'a vif e a no fevela.
Ma quant che drenti al sen
ti nassarà na vòus,
ti puartaràs sidina
encia tu la me cròus.
Sidina tal sulisu
dal solàr, ta li s-cialis,
ta la ciera dal ort,
tal pulvìn da li stalis…
Sidina ta la ciasa
cu li peràulis strentis
tal còur romai pierdùt
par un troi de silensi[157].

---

[157] P. P. Pasolini, *Tutte le poesie, I,* Milano, Mondadori, 2003. Precedentemente era stata pubblicata in *La meglio gioventù* (1954), facente parte della raccolta *Poesie a Casarsa* (1941-1943). Traduzione: «Una bambina. Lontana, con la tua pelle sbiancata dalle rose, tu sei una rosa che vive e non parla.
Ma quando nel petto ti nascerà una voce, porterai muta anche tu la mia croce.
Muta sul pavimento del solaio, sulle scale, sulla terra dell'orto, nella polvere delle stalle.
Muta nella casa, con le parole strette nel cuore, ormai perduto per un sentiero di silenzio».

Questo è un poetare semplice che si rifà alle piccole cose, gioie, del povero mondo contadino, è una poesia ancora libera del conformismo capitalista.

L'ossessione di Pasolini per Dante e la neolingua però non si esaurì con la questione del vernacolare friulano, ma si ripresentò con forza, pur non essendo stata mai taciuta, circa trent'anni più tardi.

Circa un mese prima del suo assassinio, consumatosi all'idroscalo di Ostia il 2 novembre del 1975, Pasolini aveva inviato al nuovo editore Einaudi un plico composto da cinque pacchetti di fogli di carta su cui era stato scritto a macchina *Memorie barbariche* e in aggiunta, a mano, *Frammenti infernali*. Tra gli appunti di Pasolini sono stati rinvenuti ulteriori titoli alternativi dell'opera, come: *La divina teoria*, *Paradiso*, *La teoria* e *La divina realtà*. Tutti fermi richiami all'opera dantesca. La stesura di tale opera era iniziata nel lontano 1963 e aveva l'obiettivo di divenire una riscrittura della Divina Commedia. L'opera fu mandata all'editore solo pochi giorni prima di morire, non perché avesse sentori di morte, ma poiché era importante che il nuovo editore, sostituitosi a Garzanti, avesse "qualcosa da pubblicare", il prima possibile[158].

---

[158] P. P. Pasolini, *La Divina Memesis*, con uno scritto di Enzo Siciliano, Milano, Mondadori, 2019, si veda l'introduzione.

Non va sottovalutato neanche il fattore economico, infatti in quel periodo Pasolini, per sua stessa ammissione, aveva bisogno di entrate per poter sostenere il suo stile di vita. Non è da escludere, inoltre, che i tempi fossero effettivamente maturi, perché quest'opera rimasta nel cassetto dal 1963 vedesse finalmente la luce solo in quell'anno[159].

Questo l'incipit dell'opera:

Intorno ai quarant'anni mi accorsi di trovarmi in un momento molto oscuro della mia vita. Qualunque cosa facessi, nella "Selva" della realtà del 1963, anno in cui ero giunto, assurdamente impreparato a quell'esclusione dalla vita degli altri che è la ripetizione della propria, c'era un senso di oscurità [...] in quella oscurità, per dire il vero, c'era qualcosa di terribilmente luminoso: la luce della vecchia verità, se vogliamo, quella davanti a cui non c'è più niente da dire[160].

Pasolini comprende di trovarsi ormai a un punto di svolta della sua esistenza e della sua vocazione poetica: la sua ricerca formale si interroga su sè stessa e con essa, in virtù di quella identificazione in lui tra 'arte' e 'vita', 'opera' e ''corpo', anche sul suo senso più profondo. Dante fu sempre l'archetipo poetico di Pasolini, lo ammise lui stesso nel primo abbozzo di *Poesie in*

---

159 E. Patti, *Pasolini e Dante La Divina Mimesis e la politica della rappresentazione dell'"altro"*, in *La rivista di Engramma*, n. 189, marzo 2022, p. 110.
160 P. P. Pasolini, *La Divina*, cit., p. 21.

forma di rosa del '64[161]. Vari aspetti del Sommo Poeta attraevano Pasolini: lo sperimentalismo linguistico, il plurilinguismo de *La Commedia,* le innovazioni linguistiche, la sfrontatezza intellettuale e la scelta di una poesia morale e civile da *cantor rectitudinis. La Commedia* è, per Pasolini, in quanto "lingua" e la lingua, dell'immersione nel cuore della periferia sottoproletaria romana degli anni '50 che aveva dato vita ai romanzi, è pressione – non comunicazione -, è la vita che vive e chiede di vivere, è il punto di vista attraverso i quali egli assorbe la vita e la fa rivivere sulla carta, sul palco, nella pellicola. La *Commedia* è l'unica opera esistente, secondo Pasolini, che realmente racchiude in sé tutte le istanze del cerchio della vita. Nella maturazione e crescita intellettuale di Pasolini compaiono anche altri modelli, come Gramsci e Erich Auerbach di *Mimesis*[162], ma Dante rimarrà sempre l'unico punto fermo della sua esistenza intellettuale. Il Sommo Poeta con il suo *De vulgari eloquentia* si era per primo interrogato sull'importanza della dignità di una lingua che fosse veicolo della dignità, dell'identità di un popolo, un modello con cui rispondere in ambito artistico alla domanda estetico-politica che da sempre urge in Pasolini uomo e poeta: la rappresentazione dell'altro in rapporto alla

---

[161] P. P. Pasolini, *Poesie in forma di rosa (1961-1964),* Milano, Garzanti, 1976.
[162] E. Auerbach, *Mimesis: il realismo nella letteratura occidentale,* con un saggio introduttivo di Aurelio Roncaglia, Torino, Einaudi, 1956.

rappresentazione di sé. Gli studi di Auerbach e Gramsci sono di molto successivi a quelli di Dante, ma secondo Pasolini non hanno la stessa efficacia. Per Pasolini Dante è poeta della realtà, la sua modernità sta proprio in quell'essere un intellettuale civicamente impegnato. Pasolini come Dante stesso vuole essere cantore della realtà, il vivere attivamente la borgata, il sottoproletariato e raccontarlo come in *Ragazzi di vita*[163] ('55) e *Una vita violenta*[164] ('59). Le primissime righe de *La Divina mimesis*, allo stesso modo dei primi due Canti completi dell'opera, si ispirano al Sommo Poeta, tanto che alcuni passi sono dei calchi dei rispettivi de la *Divina Commedia*, «tanto da far dire alla critica che questa sia l'opera più dantesca di Pasolini nel suo essere, come scrive egli stesso nella Nota 2: "l'ultima opera scritta nell'Italiano non–nazionale", quello che serba tutte le stratificazioni della sua storia prima che prevalga l'italiano della seconda industrializzazione, omologato e omologante, debolmente espressivo»[165]. Ma se la ricerca di un linguaggio primitivo, pre-nazionale può ancora provocare "strette al cuore"[166] è la realtà che Pasolini si trova a vivere e a

---

163 P. P. Pasolini, *Ragazzi di vita*, prefazione di V. Cerami, Milano, RCS MediaGroup, 2022.

164 P. P. Pasolini, *Una vita violenta*, prefazione di G. De Robertis, Milano, RCS MediaGroup, 2022.

165 D. Di Lorenzo, *La Divina Memesis di P. P. Pasolini: note a margine di un testo incompiuto*, in *Avanguardia*, n. 78, anno 26, 2021, pp. 115- 120.

166 Espressione che spesso ricorre all'interno della *Divina Memesis*.

rappresentare che è cambiata e la fede solida in un mondo retto da un forte disegno di fondo – quello provvidenziale in Dante, quello ideologico/antropologico/linguistico in Pasolini di un mondo, quello contadino prima e quello sottoproletario poi – nel poeta fiorentino rimane e fa della sua opera una cattedrale gotica, chiusa, imponente, monolitica pur nella sua varietà, in «Pasolini è già in crisi e gravemente compromesso, già alla fine degli anni '50, dall'omologazione culturale imperante portata dal processo industriale che è all'origine di un percorso involutivo che culmina nella società di massa»[167]. Quella pasoliniana è una ricerca continua della realtà e sa perfettamente che essa non risiede nel mondo capitalistico, ma la si può trovare solo nelle borgate e in quel sottoproletariato che ha ormai sostituito il mondo rurale e contadino. Giungiamo allora lo scarto, il distacco: il 'Virgilio' nell'inferno dell'oggi, ne *La Divina Mimesis* è rappresentato da Pasolini stesso, che scende nell'inferno delle borgate per poterle raccontare al mondo. Allora un viaggio all'*Inferno* avrebbe potuto significare compiere l'esperienza di empatia verso gli altri, dar voce alla vita degli altri. Ma oggi non è più così e la *Divina Mimesis* prosegue con frammenti densi di significato relativi alla stesura del III, del IV, del VII canto, di 3 note, l'ultima di esse, quella

---

[167] D. Di Lorenzo, *La Divina*, cit., p. 118.

dell' 'editore', il cui autore è Pasolini stesso, che presagisce la propria morte spostando lo sfondo da Ostia a Palermo, da un piccolo allegato stravagante e da una Prefazione dove afferma di voler offrire un documento che diventa "opera scritta a strati" in cui «ogni nuova stesura deve essere a forma di nota datata in modo che il libro si presenti quasi come un diario [...] misto di cose fatte o di cose da farsi [...] che avrà la forma magmatica e quella progressiva della realtà»[168].

Pasolini come Dante è l'unico a cui è stata permessa quella discesa negli inferi e da unico "sopravvissuto" può raccontarli e dar loro voce. Quella della borgata è un'esperienza dell'aldilà, di qualcosa che ormai si trova e si colloca al di fuori dalla realtà precostituita e strutturata da un capitalismo sempre più avvolgente e soffocante.

---

[168] P. P. Pasolini, *La Divina,* cit., p. 27.

APPENDICE

La presenza di Dante presso l'Archivio di Stato di Fermo[169]

di Riccardo Renzi[170]

Il presente contributo origina come un'appendice del volume, infatti il volume pur mantenendo il titolo *Cinque saggi per l'Alighieri*, i□realtà co□questo □e ospita sei; i□fatti, il prese□te contributo è stato aggiunto in seguito, quando ormai si era in dirittura d'arrivo con il lavoro. Tale forzatura si è resa necessaria poiché si vuole dimostrare, anche ai lettori meno esperti, come le scoperte filologiche e paleografiche siano continue e si presentino in un continuo divenire. Proprio agli inizi del 2021 presso l'Archivio di Stato di Fermo, nella sezione del Fondo Notarile, è stato rinvenuto in un lembo di pergamena di riuso un frammento del *Purgatorio* dantesco[171]. La pergamena era utilizzata per rilegare gli atti del Notaio Aracinti di Monterubbiano[172] che redisse i suoi documenti negli ultimi anni del Cinquecento.

---

[169] Si ringrazia l'Archivio di Stato di Fermo per la concessione delle immagini.

[170] Istruttore direttivo presso Biblioteca civica "Romolo Spezioli" di Fermo.

[171] Archivio di Stato di Fermo, *Fondo Notarile*, Notaio Aracinti di Monterubbiano.

[172] La fondazione di Monterubbiano si data intorno al VI-V secolo a.C. da parte dei Piceni, anche se si presuppone che il territorio sia abitato fin dal Paleolitico. Con l'espansione di Roma in queste zone, avvenuta presumibilmente intorno al 269 a.C., la cittadina prende il titolo di "Urbs Urbana" o "Urbs Civitas". L'urbs è la città latina

Il frammento faceva parte di un codice realizzato in una scrittura proto-gotica italiana molto raffinata degli inizi del Trecento. Il frammento giunto sino a noi contiene le ultime 27 terzine del

---

per antonomasia dove è presente, oltre agli edifici civici, anche il pomerium, un luogo consacrato agli dei, che la distingue dall'oppidum, che è una semplice città fortificata.[8] Con la caduta dell'Impero romano d'occidente nel V secolo d.C. per mano di Odoacre, passa sotto il regno degli Ostrogoti, e ne rimarrà sotto fino all'arrivo del Longobardi nel 570, tranne per una piccola parentesi che va dal 535 al 553 dove ci saranno i Bizantini. Dal 570 al 1198 il conglomerato è sotto il ducato di Spoleto, dentro la Marca Fermana, fondato dai Longobardi ma che ne rimarrà anche sotto questo ducato, dopo la conquista dei Franchi nel 774, in questo periodo iniziano le influenze del papato in questa regione, nominando sovrani di origine franca per amministrare il territorio. Intorno al XII secolo, pur rimanendo nello Stato Pontificio, ottiene l'autonomia come libero comune sotto il nome di Urbiano e per un breve periodo appoggiò lo schieramento ghibellino, riconoscendo Federico II come signore del paese. Il contrasto con il comune di Fermo coprì un arco temporale di 200 anni circa: Fermo, interessato dalla posizione strategica del paese, provò a conquistarlo fin dal XII secolo, senza mai riuscirci. Persino Ladislao di Napoli, Carlo Malatesta e Ludovico Migliorati sin interessarono al paese, i quali se lo contesero dal 1400 al 1433, fino all'arrivo del capitano di ventura Francesco Sforza, che approfittò della crisi momentanea che stava colpendo Papa Eugenio IV per conquistare le città del maceratese e del fermano, tra cui Monterubbiano. Durante questo periodo il Comune divenne sempre più grande fino ad essere suddiviso in rioni o quartieri fino a raggiungere una popolazione di 5 000 cittadini solo all'interno delle mura. Con la paura di perdere il potere in queste zone il Papa nomina lo Sforza "marchese perpetuo di Fermo, vicario per cinque anni di Todi, Toscanella, Gualdo Rispampani, nonché gonfaloniere della Chiesa", con ciò le marche del sud ritornano sotto l'influenza del Papato. Proprio nel XV secolo nel paese, come molti altri delle Marche, si diffuse l'antisemitismo. Nel tratto conosciuto dagli abitanti locali come "Le Spiagge", anticamente sorgeva il ghetto degli ebrei, arricchito da numerose costruzioni, tra cui una sinagoga e vari collegamenti sotterranei. La situazione peggiorò nella prima metà del XVI secolo, quando il paese entrò in crisi economica a causa dell'indebitamento della popolazione ebraica. Per far fronte a questo problema, il governo cittadino fu costretto a vendere una porzione di territorio al Comune di Montefiore dell'Aso e decretare, il 6 settembre 1547, l'intenzione comunale di non cadere sotto il comportamento della minoranza ebraica, con la frase "Le ossa del Comune non verranno divorate dagli Ebrei" (in latino: Ne ossa Communis devorentur ad Hebreis). Intorno al XVII secolo avvenne l'entrata effettiva del paese sotto il dominio dello Stato Pontificio ottenendo un periodo di quiete fino alla nascita della Repubblica Anconitana e poi della Repubblica Romana e fino al 1860 dopo che con la Battaglia di Castelfidardo le Marche andranno a far parte del nuovo Regno d'Italia.

canto XV del *Purgatorio* e la prima terzina con capolettera miniato del XVI canto. Con molta probabilità si potrebbe trattare del frammento di uno dei "Danti del Cento" probabilmente giunto a Fermo tra il XIV secolo e la fine del XVI secolo. I codici del Cento sono un gruppo di manoscritti realizzati dalla bottega del toscano Francesco di Ser Nardo da Barberino[173] che per sposare le figlie e garantire loro una dote ha fatto trascrivere 100 copie della *Commedia*. Quelle del Cento sono le copie più importanti della Commedia in circolazione.

Questo mio breve contributo conclusivo si pone l'obiettivo di dimostrare come rovistando negli archivi e nelle biblioteche, e tenendo in considerazione in particolar modo le coperte di riuso, non sia così improbabile fare nuove scoperte filologiche e paleografiche di primissimo rilievo.

---

[173] Le notizie biografiche relative a Francesco sono pochissime: si sa che nacque in Barberino, nella Val di Pesa, e che fu attivo a Firenze come amanuense negli anni '30 del XIV secolo, continuando poi la sua attività fino agli anni '50. In questa città si distinse per aver ricopiato di proprio pugno la Commedia di Dante Alighieri, scomparso da poco più di un decennio, donando ai posteri cinque codici che sono gli antesignani di quelli detti "Danti del Cento":
Il Codice Trivulziano 1080, conservato attualmente a Milano presso la Biblioteca Trivulziana
Il Laurenziano Pluteo 90 sup. 125 (detto anche Gaddiano), conservato a Firenze presso la Biblioteca Medicea Laurenziana
Infine, frammenti del Purgatorio conservati presso l'Archivio di Stato di Modena.

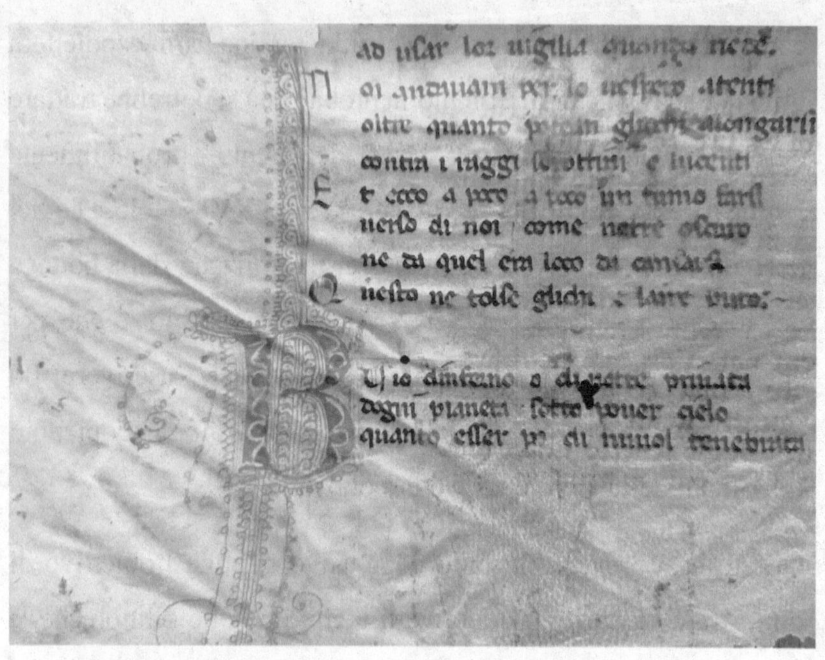

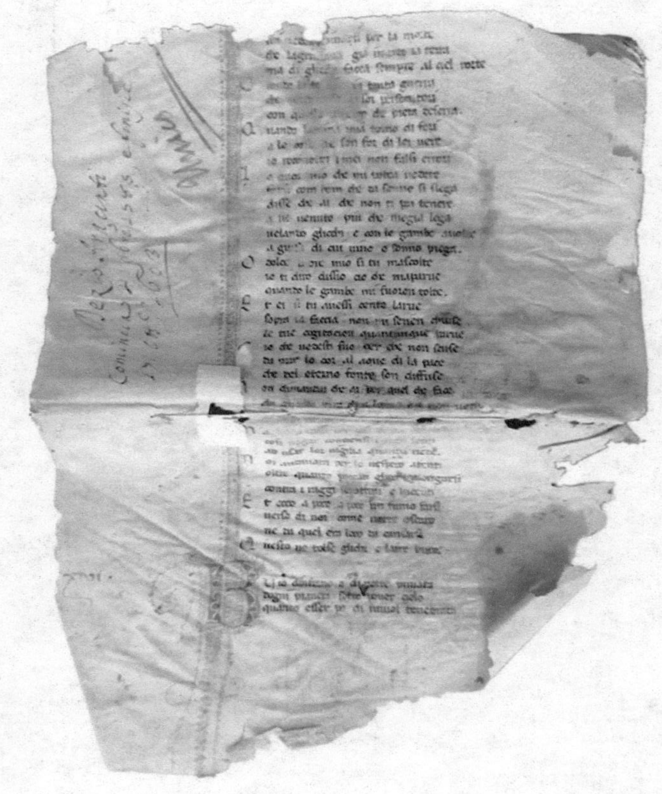

... ...menti per la mela
de lagrim... qui ... la rena
ma di ghiaccia fece sempre al ciel notte
... ... tanto guerra
de ... la prisongena
con q... ... de pieta defensa
Q uando ... mai torno di feu
a le ... ne son fin di lei uerte
se ... i miei non falsi errori
e ... mio de mi uilen uedere
... com sem che se fenire si slega
dise de al de non ti sia tenere
i in uenuto piu che niegui lega
uelanto ghiacci e con le gambe auolte
a gui... di cui uine o donno piega
O cola ... ne mio si ti mascoite
se ti duo dissio ae de mi... uie
ouando le gambe mi fuoren tolte
e et si tu auessi conta larue
sopra la fiecia non ... sentien chiute
le mie cogitacien quantanqui larue
se che uexesti sua der che non sause
ti uur te col al aoue di la pace
che nei etcuno fentio son diffuse
en chmascus de ... loro auel che fao
...

... ... maggiore ...
au alcer loc uigilia quantita uene
ot ...uiniam per lo uefer arcin...
oltu quanto ... in ghiacio ... gurti
conta i maggi ...rtun e loucun
e ecco a pure a pur un fumo furst
uerso di non ... come uarre oscuro
ne in quel em tno ti conduri
uesto ne uossi ghici e laire inane

Li io donicem a dinotte uinata
dgin uiniari fone ouer aolo
quatine esser pi di niuos tenebra

POSTFAZIONE

La modernità di Dante

di Salvatore Primiceri

Siamo giunti alla conclusione delle tematiche affrontate dall'autore circa l'opera di Dante Alighieri. I saggi proposti da Riccardo Renzi sono brillanti e illuminanti. Per questo le sue scuse iniziali di non essere arrivato in tempo, con la pubblicazione del presente saggio, per l'anniversario dei settecento anni dalla scomparsa di Dante, celebrato nel 2021, sono pacificamente accettate. Infatti, Renzi ci ha dimostrato nuovamente che la ricerca su Dante è incessante e tale deve continuare ad essere, al di là degli anniversari, in quanto è sorprendente quante risorse e scoperte ci riserva ancora oggi l'analisi della *Divina Commedia*. Il genio di Dante va continuamente celebrato e, soprattutto, analizzato alla luce della sua "contemporaneità". Il lettore, come spesso accade quando si parla del sommo poeta, sarà rimasto probabilmente stupito dalla

113

varietà dei profili[174] sotto cui è possibile analizzare la *Commedia* e dei parallelismi che possono essere svolti anche con il nostro presente. Mettere a confronto Dante con Kant o con Pasolini, ad esempio, può essere apparsa ad alcuni come una forzatura, ma abbiamo visto che non è affatto così. Riccardo Renzi dimostra ancora una volta di essere un profondo e attento studioso il quale si rende perfettamente conto dell'esistenza di una linea continua tra le varie epoche storiche, passate, presenti e probabilmente future, le quali non vanno quindi trattate in modo schematizzato e a compartimenti stagni. Questa linea è l'umanità ed è ciò che Dante ha inteso fare con la *Commedia*, arrivare a tutti in ogni tempo e in ogni luogo, anticipando, come nel caso di Kant, o riprendendo, come nel caso della mitologia greca e latina, temi e riflessioni che sono proprie anche del mondo moderno. La storia è fatta di uomini e gli uomini, da sempre e ciclicamente, si affannano per curare la loro anima, spesso tormentata o allietata da una lunga serie di vizi o virtù, per i quali è complessa la via della mediazione, ovvero la ricerca del *"giusto mezzo"*, come la chiamava Aristotele, da cui può sbocciare una pace interiore e una felice concordia fra gli esseri umani. Dante, nella *Commedia*, ci pone di fronte uno specchio della sua visione del

---

[174] Si veda anche Enrico Cavarischia, *Sei brevi saggi danteschi*, Primiceri Editore, Padova 2020.

mondo terreno, contrapposto alla visione ideale, seppur in chiave allegorica, di un mondo ultraterreno, un po' come Platone immaginava il *mondo delle Id*ee, l'*Iperuranio*, il mondo perfetto da cui tutto nasce e in cui tutto si ritrova. Entrambi, quindi, Dante e Platone, ci descrivono una sorta di *teoria dei due mondi*. Così come la possibilità di divenire uomini giusti, in Platone, presuppone un lungo periodo di contemplazione delle idee perfette e della conseguente capacità terrena di azionare intellettualmente il "*ricordo*" (teoria della reminiscenza)[175] di tali *idee* e metterle in pratica nella vita, il mondo terreno di Dante è una *selva oscura*, corrotto dal vizio e dall'ignoranza e la contemplazione e la visione dell'altra vita sono perciò l'unico modo per uscire dai vizi terreni e salvarsi. Platone fa discendere la salvezza umana dall'*intuizione intellettuale* di ciò che l'uomo ricorda dalla sua permanenza nell'*Iperuranio*; Dante rimette cristianamente la salvezza umana all'immaginazione della propria anima in un'altra dimensione, in un'altra vita dove il proprio posto dipende da quello che si è nella vita terrena. Dante ci ha offerto un modello ancora valido per prendere coscienza di chi siamo, cosa stiamo facendo e cosa dovremmo fare per essere uomini buoni e giusti. In questa chiave il parallelismo per una

---

[175] Teoria esposta in varie opere di Platone, in particolare nel dialogo *Menone*, Libri dell'Arco, Rimini 2023.

comune legge morale di Dante e Kant, suggerito da Renzi, appare straordinariamente azzeccato. Come spiega il De Sanctis[176]: «*L'idea che anima la vasta mole e genera la sua vita e il suo sviluppo, è il concetto di salvazione, la via che conduce l'anima dal male al bene, dall'errore al vero, dall'anarchia alla legge, dal molteplice all'uno. È il concetto cristiano e moderno dell'unità di Dio sostituita alla pluralità pagana. Questo concetto, se fosse solo un di fuori, spiegato nella sua astrattezza dottrinale come pensiero, o rappresentato in forma allegorica come figurato, non basterebbe a generare un'opera d'arte. Ma qui è non solo il di fuori, ma il di dentro, non solo il significato e la scienza di quel mondo opera di filosofo e di critico, ma principio attivo, com'è nell'uomo e nella natura, che costruisce e forma quel mondo, e gli dà una storia e uno sviluppo. Questo principio attivo, se nella sua astrattezza si può chiamare il vero o il bene, o la virtù o la legge, come realtà viva e operosa è lo spirito, che ha per suo contrario la materia o la carne, dove sta come in una prigione o in un "vasello", da cui si sforza di uscire. La vita è perciò un antagonismo, una battaglia tra lo spirito e la carne, tra Dio e il demonio. E la sua storia è la progressiva vittoria dello spirito, la costui consapevolezza e libertà sotto le*

---

[176] Francesco De Sanctis, *Storia della Letteratura Italiana*, Primiceri Editore, Padova 2020.

forme in cui vive, il suo successivo assottigliarsi e scorporarsi e idealizzarsi sino a Dio, assoluto spirito, la Verità, la Bontà, l'Unità, l'ultimo Ideale». Dante è moderno, lo era e lo sarà sempre perché parla di noi, del nostro modo di essere e di come dovremmo essere. Ma, soprattutto, il sommo poeta è accessibile a tutti. Non poteva essere diversamente, del resto, se l'intento dell'Alighieri è quello di rivolgersi all'umanità. La scoperta di elementi che possono essere letti in chiave contemporanea, in realtà, è una non-scoperta che ci aiuta a capire meglio Dante e ad apprezzarlo, soprattutto per chi crede che sia inarrivabile. La non-scoperta consiste nel fatto che l'Alighieri, con la *Commedia*, altro non ha fatto che comporre un'opera popolare[177], che attinge ad un vasto repertorio dell'esperienza umana e della letteratura, il cui intento è arrivare proprio alla "massa" e non ad una élite di intellettuali. Come ben scrive ancora il De Sanctis[178]: *«La Divina Commedia non è un concetto nuovo, né originale, né straordinario, sorto nel cervello di Dante e lanciato in mezzo a un mondo meravigliato. Anzi, il suo pregio, è quello di essere il concetto di tutti, il pensiero che giaceva in fondo a tutte le forme letterarie, rappresentazioni,*

---

[177] Sulla fruibilità della *Commedia* si veda Enrico Cavarischia, *La Divina Commedia per tutti*, Primiceri Edtore, Padova 2020.

[178] Francesco De Sanctis, *Storia della Letteratura Italiana*, Primiceri Editore, Padova 2020.

leggende, visioni, trattati, tesori, giardini, sonetti e canzoni. L'Allegoria dell'anima e la Commedia dell'anima sono gli schemi, le categorie, i lineamenti generali di questo concetto». La bravura immensa di Dante è quella di aver immaginato e descritto questa allegoria attingendo a tutte le fonti e le competenze di cui disponeva, dimostrandosi un uomo colto, studioso, attento ad ogni particolare connesso con l'animo umano, senza trascurare le tradizioni popolari. Per questo conosciamo un Dante teologo, lirico, linguista[179], latinista, grecista[180] (pur non conoscendo egli il greco ma che ha studiato a fondo la filosofia del mondo antico), filosofo, scienziato, e così via. Ogni arte è funzionale alla *Commedia*, opera innanzitutto filosofica ed etica, laddove la filosofia assolve alla sua principale funzione, la cura dell'animo umano. Così Dante compone ogni aspetto, dal linguaggio agli esempi, perché la sua filosofia risulti il più possibile chiara e applicabile nella pratica. La modernità di Dante, così come quella di Platone, risiede nel fatto che l'uomo può aver trovato la via del progresso, della scienza, della tecnica, ma l'umanità nel suo complesso non ha ancora trovato una via per la felicità e la concordia. Finché persisterà tale

---

[179] Sulla lingua di Dante si veda lo studio riguardante le similitudini utilizzate nella *Commedia*: Lella Primicerio, *Il filo di Arianna*, voll. 1, 2, 3, Primiceri Editore, Padova 2021.
[180] Sui numerosi riferimenti mitologici presenti nella *Commedia*, si veda Lella Primicerio, *Le favole degli antichi*, Primiceri Editore, Padova 2023.

dualismo tra l'uomo razionale intento a coltivare le cose terrene e l'uomo incapace di aver cura di sé e della propria anima, vi sarà un incessante bisogno delle riflessioni e della sensibilità di un pensatore come Dante Alighieri. Il problema è se l'uomo sarà mai antropologicamente pronto a sposare la virtù per un progresso che non sia solo materiale ma, soprattutto, spirituale. Grazie, quindi, a Riccardo Renzi che tiene vivo e attuale lo studio di Dante affinché ogni generazione possa trarne preziose indicazioni su come non perdersi nella selva oscura.

BIBLIOGRAFIA

M. Capone Ciollaro, *Dione Crisostomo negli Excerpta di Macario Crisocefalo*, in *Sileno*, a. 7, n. 1/4 (1981), pp. 101-119;

A. Poliziano, *Lamia: praelectio in Priora Aristotelis analytica, critical edition, introduction and commentary*, edited by A. Wesseling, Brill, Leiden 1986;

I. Lana, *Filologia e umanesimo*, in *Rivista di filologia e d'istruzione classica*, A.35 n.s. <A.85> (1957), pp. 1-22;

L. Gargan, *Dante, la sua biblioteca e lo studio di Bologna*, Antenore, Roma-Padova 2014;

V. Sirago, *Dante e gli autori latini*, in "Lettere italiane", 1950;

F. Petrarca, *Le Familiari*, a cura di V. Rossi, Sansoni, Firenze 1933, vol. I;

F. Minonzio, *Tutta la pienezza del mondo e nel libro: appunti di lettura dal Philobiblon di Richard de Bury*, in *Biblioteche oggi*, 19 (2001), n. 5, pp. 56-71;

F. Petrarca, *Le Familiari*, a cura di V. Rossi, Sansoni, Firenze 1933, vol. II;

V. Sirago, *Dante e gli autori latini*, in "Lettere italiane", 1950;

D. Baroncini, *Citazione e memoria classica in Dante*, Leitmotiv 2/2002;

L. Pranzetti, *Dante - Virgilio: corrispondenze stilistiche*, Civitavecchia, Centro Incontri Culturali, 2016;

I. Colpo, *Amore, passione, ossessione. Ovidio e Dante a confronto*, in *Miti, figure, metamorfosi: l'Ovidio di Dante*, a cura di Carlota Cattermole e Marcello Ciccuto, Firenze, Le lettere, 2019;

E. Paratore, *Lucano e Dante*, in *L'Alighieri, Rassegna bibliografica dantesca*, a. 2., n. 2, 1961;

U. Dotti, *Orazio e Petrarca*, in "Orazio e la letteratura italiana", Istituto Poligrafico e Zecca dello Stato, Roma 1994;

C. Villa, *«Horatius, presertim in odis»: Appunti per un colloquio inevitabile*, in "Motivi e forme delle *Familiari* di Francesco Petrarca", Gargnano del Garda (2-5 ottobre 2002), a cura di C. Berra, Cisalpino, Milano 2003;

G. Brugnoli e R. Mercuri, *Orazio*, in *Enciclopedia dantesca*, vol. IV 1973;

D. Alighieri, *Convivio*, Milano, Rizzoli, 1952;

L. M. G. Livraghi, *Dal Convivio alla Monarchia: quale Livio per Dante?*, in *La letteratura italiana e le arti*, Atti del XX Congresso dell'ADI – Associazione degli Italianisti», (7-10 settembre 2016), <Url= http://www.italianisti.it/ Atti-di-Congresso?pg=cms&ext=p&cms_codsec=14&cms_codcms=1039>, (05/06/2021);

L. M. G. Livraghi, *Dal Convivio alla Monarchia: quale Livio per Dante*, in *La letteratura italiana e le arti*, Roma, Adi editore, 2018, pp. 1-10 <Url= http://www.italianisti.it/AttidiCongresso?pg=cms&ext=p&cms_codsec=14&cms_codcms=1039> (19/04/2021);

D. Alighieri, *De Monarchia*, Milano, Carlo Signorelli Editore, 1956;

L. Canfora, *Gli occhi di Cesare. La biblioteca latina di Dante*, Roma, Salerno Editore, 2015;

D. Alighieri, *La Divina Commedia*, a cura di NATALINO SAPEGNO, Vol I, Inferno, Firenze, La nuova Italia, 1981;

Svetonio, *Vita dei Cesari*, traduzione di E. Noseda, Milano, Garzanti, 2011;

D. Alighieri, *Opere Minori*, a cura di A. Del Monte, Milano, Rizzoli, 1960;

Dante, *Divina Commedia*, introduzione di I. Borzi, commento a cura di G. Fallani e S. Zennaro, Roma, Biblioteca Economica Newton, 1994;

Svetonio, *Vite dei Cesari,* introduzione di S. Lanciotti, traduzione di F. Dessì, Milano, BUR Rizzoli, 2016;

D. Alighieri, *La Divina Commedia*, a cura di M. Zoli e Gilda Sbrilli, Firenze, Bulgarini, 2012;

A. Gatto, *Pier Damiani: una teologia dell'onnipotenza*, Roma, Aracne, 2013;

D. Alighieri, *La monarchia di Dante Alighieri*, a cura di Corrado Gizzi, Teramo, Edigrafital, 2005;

Sallustio, *La congiura di Catilina*, a cura di G. Pontiggia, Centauria, Milano 2017;

Sallustio, *La guerra contro Giugurta*, traduzione di Lisa Piazzi, introduzione di Graziana Brescia, Santarcangelo di Romagna, Rusconi, 2015;

G. Gori, *Dante, storia di un visionario*, Roma-Bari, Laterza, 2008;

G. Munno, *L'Ulisse omerico e l'Ulisse dantesco: Da Omero a Dante: Conferenza letta il 23 aprile 1949*, Tipografia consorzio nazionale, 1949;

N. Borsellino, *Ritratto di Dante*, Roma – Bari, Laterza, 2007;

D. Alighieri, *Convivio*, a cura di Gianfranco Fioravanti; canzoni a cura di Claudio Giunta, Milano, Mondadori, 2019;

L. Pranzetti, *Dante: la Divina Commedia tra sacra scrittura, patristica e scolastica*, Vol. I, II, III, Civitavecchia, Centro incontri culturali, 2016;

M. Tombolini e R. Renzi, *Percorsi di trasmissione: il rapporto tra Dante e gli storici latini*, in «Scholia», (2021), anno 23, n. 2, pp. 93-109;

A. Cocola, *Rapporto tra Dante ed Ubertino da Casale*, Monteleone, Tipografia Raffaele Rao, 1903;

S. Piron, *Pietro di Giovanni Olivi e i francescani spirituali*, Milano, Biblioteca francescana, 2021;

C. Til Davis, *Remigio de' Girolami and Dante: a comparison of their conceptions af peace*, in *Studi danteschi*, vol. 36, (1957), pp. 105-136;

G. Getto, *Poesia e teologia nel Paradiso di Dante*, Milano, Vita e pensiero, 1944;

D. Alighieri, *La Divina Commedia*, a cura di Enrico Malato, Roma, Sellerio, 2018;

G. Squilla, *S. Bernardo di Chiaravalle: nell'ottavo centenario della sua canonizzazione*, in *Discorso pronunciato il 22 settembre 1974 a Casamari*, (anno 1974);

V. Buonanni, *Discorso sopra la prima cantica del divinissimo theologo Dante d'Alighieri del bello nobilissimo Fiorentino, intitolata commedia*, Firenze, nella stamperia di Bartolomeo Sermartelli, 1572;

A. F. Grazzini, *Le rime burlesche*, a cura di C. Verzone, Firenze 1982;

G. Negri, *Istoria degli scritt. fiorentini*, Ferrara 1722;

G. M. Mazzuchelli, *Gli Scrittori d'Italia*, II, 4, Brescia 1763;

M. Barbi, *Della fortuna di Dante nel sec. XVI*, Pisa 1890;

E. Pastorello, *L'epistolario manuziano*, Firenze 1957;

È. Glison, *Dante et la philosophie*, in *Études de philosophie médiévale*, Paris, Vrin, 1939;

L. Sighinolfi, *Frate Guido Vernani contro Dante*, in *Il resto del Carlino,* 30 agosto 1925;

M. J. Stallings, *Meditationes de passioneChristi olims.B. attributae. Editae from the Manuscripts withintroduction andcommentary*, Washington, 1965;

J. Beumer, *Die literarischen Beziehungen zwischen dem Sermo VI deAssumptione B. Mariae Virginis (Pseudo Bonav.) und dem Mariale oderLaus Virginis (Pseudo Albertus)*, in *Franziskanische Studien*, XLIV (1962), pp. 455-460;

F. Livi, *Dante e la teologia: l'immaginazione poetica nella Divina Commedia come interpretazione del dogma*, Roma, Casa Ed. Leonado da Vinci, 2008;

I. Biffi, *Dante Alighieri poeta e teologo,* in *Rinnovamento della via antiqua: la creatività tra il 13. e il 14. Secolo*, Milano, Jaca book, 2009;

N. Benazzi, *Bernardo di Chiaravalle: Vergine Madre, figlia del tuo Figlio,* Cinisello Balsamo, San Paolo, 2021;

Bernardo di Chiaravalle, *Il pianto della vergine e la meditazione della passione secondo le sette ore canoniche: opuscoli attribuiti a San Bernardo e volgarizzati nel buon secolo della lingua*, Firenze, Tipografia Pezzati, 1837;

M. Corti, *La teoria del segno nei logici modisti e in Dante*, in *Quaderni del Circolo semiologico siciliano*, n. 15-16, Palermo, Stampatori tipografi associati, 1981;

Kant, *La religione entro i limiti della sola ragione*, Roma-Bari, Laterza, 2010;

I. Mancini, *Kant e la teologia*, Assisi, Cittadella editrice, 2010;

M. M. Olivetti, *Introduzione alla religione di Kant*, in Saggi, Roma, Serra, 2013;

M. Manuguerra, *Il Canto VIII del Purgatorio (o l'inno di Dante alla Pace Universale)*, in *Lunigiana Dantesca*, La Spezia, Centro Lunigianese di Studi Danteschi, 2006;

M. Manuguerra, *L'esoterismo allegorico del Canto VIII del Purgatorio e il modello dantesco della Pace universale*, in «Atrium», XI/1 (2009), pp. 57-92;

B. Russel, *Storia della filosofia occidentale*, Milano, Editori Associati, 1993;

M. Manugerra. *Da Dante a Kant e oltre: per una filosofia risolutiva di Pace Universale*, «Atrium – Studi Metafisici e Umanistici», XV/2 (2013), pp. 86-110;

I. Kant, *Per la pace perpetua*, 1795, Milano, Feltrinelli, 2002;

G. Reale, *Raffaello: la Scuola di Atene*, Milano, Rusconi, 1997;

G. Reale, *Raffaello: la Disputa del Sacramento*, Milano, Rusconi, 1998;

G. Reale, *Raffaello: il Parnaso*, Milano, Rusconi, 1999;

M. Manuguerra, *L'ultimo inganno di Ulisse: una poetica neoplatonica quale primo livello esoterico della Divina Commedia*, in «Atrium», X/3 (2008), pp. 71-104;

I. Kant, *Per la pace perpetua*, 1795, Milano, Feltrinelli, 2002;

F. Cardini, *Guelfi e Ghibellini*, in *La piazza e il chiostro. San Pellegrino Laziosi, Forlì e la Romagna nel tardo Medioevo*. Atti delle giornate di studio tenutesi a Forlì il 3 e 4 maggio 1996, pp. 111-126;

D. Carron, *Il principe 'senzaterra' : Carlo di Valois*, in *Nel Duecento di Dante: i personaggi*, a cura di Franco Suitner , 15;

C. Marchi, *Dante in esilio*, Milano, Longanesi, 1964;

Dante Alighieri, *La Divina Commedia*, a cura di E. Malato, Roma, Salerno editore, 2018;

Dante Alighieri, *Rime*, a cura di Gianfranco Contini, Torino, Einaudi, 1973;

R.W.B. Lewis, *Dante Alighieri: una biografia attraverso le opere*, traduzione di Giuseppina Oneto, Roma, Fazi, 2005;

E. Tonello, *Il testo della 'Commedia' nelle 'Esposizioni' di Boccaccio*, in *Intorno a Boccaccio/Boccaccio e dintorni 2015: atti del seminario internazionale di studi* (Certaldo Alta, Casa di Giovanni Boccaccio, 9 settembre 2015), a cura di Stefano Zamponi, Firenze, Firenze University press, 2016;

L. Giommi, *Il comune reggiano alla discesa in Italia di Bertrando del Poggetto*, in *Atti e memorie della R. Deputazione di storia patria per le provincie modenesi*, s. 5., v. 11 (1917);

Giovanni Boccaccio, *Trattatello in laude di Dante*, introduzione, prefazione e note di Luigi Sasso, Milano, Garzanti, 1995;

G. Ledda, *Immagini di pellegrinaggio e di esilio nella Commedia di Dante*, in *Annali Online di Ferrara* - Lettere Vol. 1 (2012) 295/308;

G. Ledda, *Come finisce la Commedia? Per una diversa interpretazione del verso «Ma già volgeva il mio disio e 'l velle» («Par.» XXXIII, 143)*, «STUDI E PROBLEMI DI CRITICA TESTUALE», 2021, 103, pp. 221 – 232;

G. Ledda, *Dante Alighieri, Divina Commedia*, a cura di Emilio Pasquini, Giuseppe Ledda, Giancarlo Benevolo, Bologna, Scripta Maneant, 2021;

G. Ledda, *I modelli biblici nei primi canti della «Commedia» di Dante («Inferno» I-II)*, in *Aggiornamenti sulla «Commedia»*, Ravenna, Longo Editore, 2021, pp. 13 – 32;

G. Ledda, *Verso il purgatorio, verso il cielo: temi penitenziali nei primi cinque canti del «Purgatorio» di Dante*, «P.R.I.S.M.I.», 2021, ns. 2, pp. 67 – 90;

G. Ledda, *Dante poeta cristiano e la cultura religiosa medievale. In ricordo di Anna Maria Chiavacci Leonardi*. Atti del Convegno internazionale di Studi (Ravenna, 26 novembre 2015), Ravenna, Centro Dantesco dei Frati Minori Conventuali, 2018;

G. Ledda, *La navigazione come metafora testuale nei poemi epico-cavallereschi: da Pulci ad Ariosto*, «ITALIANISTICA», 2017, XLVI, pp. 67 – 87;

G. Ledda, *Leggere la "Commedia"*, Bologna, Il Mulino, 2016;

G. Ledda, *L'esilio, la speranza, la poesia: modelli biblici e strutture autobiografiche nel canto XXV del «Paradiso»*, «STUDI E PROBLEMI DI CRITICA TESTUALE», 2015, 90, pp. 257 – 277;

G. Ledda, *Immagini di pellegrinaggio e di esilio nella Commedia di Dante*, in *Annali Online di Ferrara* - Lettere Vol. 1 (2012) 295/308;

P. Worm, *L' Esodo, ossia Dall'uscita degli Ebrei dall'Egitto, a tutto il Vecchio Testamento*, Firenze, Salani Editore, 1968;

P. Stefani, *L'esilio babilonese nella Bibbia e nel Nabucco*, in *Dalla Bibbia al Nabucco* / Piero Stefani (ed.), pp. 115-143;

G. Marchini Langewiesche, *Baptisterium, Dom und Dommuseum in Florenz*, K.R. Langewiesche, Königstein im Taunus, 1980;

C. Leonardi, *Letteratura latina medievale (secoli VI-XV): un manuale*, Firenze, 2008;

C. Vecchione, *Della sapienza riposta della letteratura antica seguita da Dante*, Forlì, Vitrux, 2015;

G. Vacchelli, *L'«attualità» dell'esperienza di Dante. Un'iniziazione alla Commedia*, Milano, Mimesis, 2014;

K. Stierle, *Dante Alighieri. Dichter im Exil, Dichter der Welt*, Monaco di Baviera, Beck, 2014;

M. Michelangeli, *Giovanni Boccaccio e le Egloghe dantesche*, Saarbrücken, Edizioni Accademiche Italiane, 2014;

G. Lovito, *L'Aquila e la croce. Lettura storica della «Divina Commedia»*, Salerno, Plectica, 2012.

N. Mineo, *Dante*, in *Letteratura italiana. Storia e testi*, dir. da Carlo Muscetta, Bari, Laterza, vol. 1, t. 2, 1970.

G. Padoan, *Introduzione a Dante*, Firenze, Sansoni, 1975.

G. Ledda, *Dante*, Collana Profili di storia letteraria, Bologna, Il Mulino, 2008.

A. Casadei, *Dante. Storia avventurosa della Divina commedia dalla selva oscura alla realtà aumentata*, Milano, Il Saggiatore, 2020.

M. Santagata, *Le donne di Dante*, Bologna, Il Mulino, 2021.

D. Iacobone (a cura di), "Le città di Dante. Trasformazioni urbane e territoriali tra XIII e XIV secolo", Roma, Tab Edizioni, 2021.

F. De Sanctis, *Pagine dantesche*, Milano, Treves, 1921.

S. Minocchi, *L'ombra di Dante*, Firenze, Le Monnier, 1921.

A. Panzini, *Dante nel sesto centenario. Per la gioventù e per il popolo*, Milano, Trevisini, 1921.

V. Spinazzola, *L'arte di Dante*, Napoli, Ricciardi, 1921.

E. Pound, *Dante*, (nuova edizione) Venezia, Marsilio, 2015.

A. Momigliano, *Dante, Manzoni, Verga*, Messina, D'Anna, 1944.

L. Russo, *La critica dantesca e gli esperimenti dello storicismo*, in *La critica letteraria contemporanea*, vol. II, Bari, Laterza, 1945.

G. Getto, *Aspetti della poesia di Dante*, Firenze, Sansoni, 1947

E. Sanguineti, *Tre studi danteschi*, Firenze, Le Monnier, 1961.

A. Pagliaro, *Il Canto XIX dell'Inferno*, Firenze, Le Monnier, 1961.

E. Auerbach, *Studi su Dante*, Milano, Feltrinelli, 1963.

U. Bosco, *Dante nella critica d'oggi. Risultati e prospettive*, Firenze, Le Monnier, 1965.

M. Fubini, *Il peccato di Ulisse e altri scritti danteschi*, Milano-Napoli, Ricciardi, 1966.

F. Mazzoni, *Contributi di filologia dantesca. Prima serie*, Firenze, Sansoni, 1966.

E. Sanguineti, *Il realismo di Dante*, Firenze, Sansoni, 1966.

B. Nardi, *Saggi di filosofia dantesca*, Milano-Napoli, Ricciardi, 1966.

S. Battaglia, *Esemplarità e antagonismo nel pensiero di Dante*, Napoli, Liguori, 1967.

G. Toffanin, Perché l'Umanesimo comincia con Dante, Bologna, Zanichelli, 1967.

A. Del Monte, *Piccola guida dantesca*, Torino, Loescher, 1968

C. S. Singleton, *Viaggio a Beatrice*, Bologna, il Mulino, 1968.

J. Goudet, *Dante et la politique*, Paris, Aubier-Montaigne, 1969.

G. Contini, *Un'idea di Dante. Saggi danteschi*, Torino, Einaudi, 1970.

E. Raimondi, *Metafora e storia. Studi su Dante e Petrarca*, Torino, Einaudi, 1970.

G. Bàrberi Squarotti, *L'artificio dell'eternità*, Verona, Fiorini, 1972.

C. Cicca, *Dante Alighieri* in *Impressioni e commenti*, Milano, Virgilio, 1974.

L. Spitzer, *Studi italiani*, Milano, Vita e Pensiero, 1976.

G. Padoan, *Il pio Enea l'empio Ulisse. Tradizione classica e intendimento medievale in Dante*, Ravenna, Longo, 1977.

C. S. Singleton, *La poesia della «Divina Commedia»*, Bologna, il Mulino, 1978.

A. M. Chiavacci Leonardi, *La guerra de la pietade. Saggio per un'interpretazione dell'«Inferno» di Dante*, Napoli, Liguori, 1979.

A. Vallone, *Storia della critica dantesca dal XIV al XX secolo*, Padova, Vallardi-La Nuova Libraria, 1981.

P. Boyde, *L'uomo nel cosmo. Filosofia della natura e poesia in Dante*, Bologna, il Mulino, 1984.

E. Bonora, *Interpretazioni dantesche*, Modena, Mucchi, 1987.

B. Nardi, *Dante e la cultura medievale*, nuova ed. a cura di Paolo Mazzantini, Roma-Bari, Laterza, 1990.

G. Gorni, *Lettera nome numero. L'ordine delle cose in Dante*, Bologna, Il mulino, 1990.

M. Corti, *Percorsi dell'invenzione. Il linguaggio poetico e Dante*, Torino, Einaudi, 1993.

G. Padoan, *Il lungo cammino del "poema sacro". Studi danteschi*, Olschki, Firenze, 1993.

G. Gorni, *Il Dante perduto. Storia vera di un falso*, Torino, Einaudi, 1994.

W. Franke, *Dante's Interpretive Journey,* Chicago, University of Chicago Press, 1996.

C. Ciccia, *Dante e Gioacchino da Fiore*, Cosenza, Pellegrini, 1997.

R. Giglio, *Il volo di Ulisse e di Dante*, Napoli, Loffredo, 1997.

N. Borsellino, *Ritratto di Dante*, Roma-Bari, Laterza, 1998.

E. Auerbach, *Mimesis. Il realismo nella letteratura occidentale*, Torino, Einaudi, 2000.

A. Bausani, *Il tema del viaggio celeste come legame fra Dante e la cultura orientale*, in «Dantismo russo e cornice europea», II (1989).

K. Leonhard, *Dante. Mit Selbstzeugnissen und Bilddokumenten*, Reinbek, Rowohlt, 1998.

C. Bologna, *Il ritorno di Beatrice. Simmetrie dantesche fra «Vita Nova», «Petrose» e «Commedia»*, Roma, Salerno, 1998.

L. Pertile, *La puttana e il gigante. Dal Cantico dei Cantici al Paradiso Terrestre di Dante*, Ravenna, Longo editore, 1998.

G. Gorni, *Dante. Storia di un visionario*, Roma-Bari, Laterza, 2008.

U. Prill, *Dante*, Stuttgart, Metzler, 1999.

Z. Baranski, *Dante e i Segni. Saggi di storia intellettuale di Dante Alighieri*, Napoli, Liguori, 2000.

A. Ghisalberti (a cura di), *Il pensiero filosofico e teologico di Dante Alighieri*, Milano, Vita e pensiero, 2001.

E. Gilson, *Dante et la philosophie*, Paris, Vrin, 2002.

C. Ciccia, *Allegorie e simboli nel Purgatorio e altri studi su Dante*, Cosenza, Pellegrini, 2002.

G. Inglese, *Dante: guida alla «Divina Commedia»*, Roma, Carocci, 2002.

G. Sasso, *Dante. L'Imperatore e Aristotele*, Roma, ISIME, 2002.

P. Sollers, *La Divine Comédie*, Paris, Gallimard, 2002.

S. Debenedetti Stow, *Dante e la mistica ebraica*, Firenze, Giuntina, 2004.

D. Ottaviani, *La philosophie de la lumière chez Dante*, Paris, Honoré Champion, 2004.

S. Carrai, *Dante elegiaco. Una chiave di lettura per la «Vita Nova»*, Firenze, Olschki, 2006.

H. R. Patapievici, *Gli occhi di Beatrice*, Milano, Bruno Mondadori, 2006.

P. Rajna, *La materia e la forma della Divina Commedia*. Introduzione, edizione e commento a cura di Claudia Di Fonzo, Firenze, Le Lettere, 1998.

C. Ciccia, *Saggi su Dante e altri scrittori*, Cosenza, Pellegrini, 2007.

L. Sebastio, *Il Poeta tra Chiesa ed impero. Una storia del pensiero dantesco*, Firenze, Olschki, 2007.

K. Stierle, *Das große Meer des Sinns. Hermenautische Erkundungen in Dantes Commedia*, Monaco di Baviera, Fink, 2007.

B. D'Amore, *Dante e la matematica*, Firenze, Giunti, 2011.

M. Santagata, *L'io e il mondo. Un'interpretazione di Dante*, Bologna, Il Mulino, 2011.

E. Brilli, *Firenze e il profeta. Dante fra teologia e politica*, Roma, Carocci, 2012.

G. Lovito, *L'Aquila e la croce. Lettura storica della «Divina Commedia»*, Salerno, Plectica, 2012.

M. Michelangeli, *La corrispondenza poetica fra Dante Alighieri e Giovanni del Virgilio: il dibattito critico-filologico*, Roma, Società Editrice Dante Alighieri, 2012.

A. D'Elia, *La Cristologia dantesca. Logos-Veritas-Caritas: il codice poetico-teologico del Pellegrino*, prefazione di Dante Della Terza, Cosenza, Pellegrini, 2012.

C. Ossola, *Introduzione alla Divina Commedia*, Venezia, Marsilio, 2012.

S. Carrai, *Dante e l'antico. L'emulazione dei classici nella «Commedia»*, Firenze, Sismel - Edizioni del Galluzzo, 2012.

M. Michelangeli, *Il canto V e il canto XXXIII dell'Inferno di Dante: la percezione del Bene e del Male attraverso alcune serie rimiche della Commedia*, Roma, Edizioni Galassia Arte, 2013.

M. Michelangeli, *Giovanni Boccaccio e le Egloghe dantesche*, Saarbrücken, Edizioni Accademiche Italiane, 2014.

K. Stierle, *Il grande mare del senso. Esplorazioni 'ermenautiche' nella Commedia di Dante*, edizione italiana a cura di Christian Rivoletti, Roma, Aracne Editrice, 2014.

K. Stierle, *Dante Alighieri. Dichter im Exil, Dichter der Welt*, Monaco di Baviera, Beck, 2014.

G. Vacchelli, *L'«attualità» dell'esperienza di Dante. Un'iniziazione alla* Commedia, Mimesis, Milano, 2014.

C. Vecchione, *Della sapienza riposta della letteratura antica seguita da Dante*, Victrix, Forlì 2015.

C. Di Fonzo, *Dante e la tradizione giuridica*, Roma, Carocci, 2016.

R. Montano, *Dante filosofo e poeta*, a cura di Francesco Bruni, Salerno Editrice, 2016.

A. Fabrizi, *Dante e la lingua italiana*, in *Corso di cultura di cultura dantesca 1-10 dicembre 1965*, L'Aquila, Vigarelli, 1968.

Dante Alighieri, *De vulgari eloquentia*, introduzione, traduzione e note di Vittorio Coletti, Milano, Garzanti, 2018.

M. Tavani, *Linguistic Italy*, in Dante in Context, ed. by Zygmunt, G. Barański and L. Pertile, Cambridge, Cambridge University Press, 2015.

Dante Alighieri, *Convivio*, prefazione, note e commenti di Piero Cudini, Milano, Garzanti, 2015.

F. Bruni, *Italia. Vita e avventure di un'idea*, Bologna, Il Mulino 2010.

M. Veneziani, *Dante, nostro padre: il pensatore visionario che fondò l'Italia: antologia critica*, Firenze, Vallecchi, 2020.

R. W. B. Lewis, *Dante Alighieri: una biografia attraverso le opere*, traduzione di Giuseppina Oneto, Roma, Fazi, 2005.

Dante Alighieri, *Vita Nova*, Milano, Mondadori, 2013.

Guido Guinizzelli, *Rime*, premessa e commento di Pietro Pelosi, Napoli, Liguori, 1998.

R. Renzi, *Studi e riflessioni sull'evoluzione del ceto nobiliare: tra la fine del medioevo e la prima età moderna*, Padova, Primiceri, 2022.

G. Fioravanti, *La nobiltà spiegata ai nobili. Una nuova funzione della filosofia*, in *Il «Convivio» di Dante. Atti del Convegno di Zurigo (21-22 maggio 2012)*, a cura di J. Bartuschat e A.A. Robiglio, Ravenna, Longo 2015.

O. Capitani, *Storia di Bologna*, Vol. 2 - Bologna nel Medioevo, Bologna, Bononia University Press, 2007.

G. Arnaldi, *A Bologna tra maestri e studenti*, in *Il pragmatismo degli intellettuali. Origini e primi sviluppi dell'istituzione universitaria, Antologia di storia medievale. I florilegi*, vol. 5, Torino, Scriptorium, 1996.

F. M. Pugliese, *Importanza del volgare in Capitanata al tempo della scuola siciliana*, in *Archivio pugliese*, anno 4., 1951.

G. M. Vian, *La donazione di Costantino*, Bologna, 2004.

M. Regoliosi, *Vian, Giovanni Maria: Valla e la donazione di Costantino tra storia e apologia*, «Cristianesimo nella storia» (2007).

B. Migliorini, *Storia della lingua italiana*, Milano, Bompiani, 1987.

C. Davis, *Brunetto Latini and Dante*, "Studi medievali", II 1967, pp.421–450.

B. Latini, *Tresor*, a cura di P. G. Beltrami, P. Squillacioti, P. Torri e S. Vatteroni, Torino, Einaudi, 2007.

L. Tomasin, *Italiano. Storia di una parola*, Roma, Carocci, 2011.

Dante Alighieri, *Opere*, ed. diretta da M. Santagata, vol. I, a cura di C. Giunta, G. Gorni, M. Tavoni, Milano, Mondadori, 2011.

L. Tomasin, *Dante e l'idea di lingua italiana*, in *Letture Classensi, Dante e la lingua italiana*, a cura di Mirko Tavani, v. 41, Ravenna, Longo Editore, 2012.

R. Renzi e L. Berdini, *Petrolio il classico Pasolini*, in *Inchiostro Rivista di storie e racconti*, n. 88, agosto 2022.

R. Renzi e L. Berdini, *Petrolio di Pier Paolo Pasolini: quando il mito diventa epica*, in *Riscontri*, Anno XLIV, n.1, gennaio-aprile 2022.

R. Renzi, *"Petrolio" di Pasolini: un viaggio attraverso il poema interrotto*, in *Avanguardia rivista di letteratura contemporanea*, n. 77, 2022.

P. P. Pasolini, *La Divina Memesis*, con uno scritto di Enzo Siciliano, Milano, Mondadori, 2019.

E. Patti, *Pasolini e Dante La Divina Mimesis e la politica della rappresentazione dell'"altro"*, in *La rivista di Engramma*, n. 189, marzo 2022.

P. P. Pasolini, *Poesie in forma di rosa (1961-1964)*, Milano, Garzanti, 1976.

E. Auerbach, *Mimesis: il realismo nella letteratura occidentale*, con un saggio introduttivo di Aurelio Roncaglia, Torino, Einaudi, 1956.

P. P. Pasolini, *Ragazzi di vita*, prefazione di V. Cerami, Milano, RCS MediaGroup, 2022.

P. P. Pasolini, *Una vita violenta*, prefazione di G. De Robertis, Milano, RCS MediaGroup, 2022.

D. Di Lorenzo, *La Divina Memesis di P. P. Pasolini: note a margine di un testo incompiuto*, in *Avanguardia*, n. 78, anno 26, 2021.

I. Montanelli, *Dante e il suo secolo*, Milano, Rizzoli, 1964-2004; Milano, BUR, 2021.

P. Bargellini, *Vita di Dante*, Firenze, Vallecchi, 1964.

C. Marchi, *Dante in esilio*, Milano, Longanesi, 1964.

G. Volonnino, *La vita di Dante*, Roma, Jure et vi, 1964.

E. Radius, *Vita di Dante*, Milano, Mursia, 1965.

E. Mazzali, *Dante. La vita, il poema, il pensiero*, Milano, Edizioni Accademia, 1969-1976; *Dante. La vita, il pensiero, le opere*, Firenze, Sansoni, 1976 - Ed. Accademia, 1979.

N. Mineo, *Dante* ("Letteratura Italiana Laterza", 5), Bari, Laterza, 1970, ristampa 1992.

E. Boschi, *Dante Alighieri. Nella sua vita e nelle sue opere*, Saggi 70, 1972.

M. Tobino, *Biondo era e bello*, Milano, Mondadori, 1974.

C. Marchi, *Dante. Il poeta, il politico, l'esule, il guerrigliero, il cortigiano, il reazionario*, Milano, Rizzoli, 1983.

G. Petrocchi, *Vita di Dante*, Roma-Bari, Laterza, 1983.

A. Altomonte, *Dante. Una vita per l'imperatore*, Milano, Rusconi, 1985.

G. Dossena, *Dante*, Milano, Longanesi, 1995; TEA, 2004 (ristampa 2021).

E. Malato, *Dante*, Roma, Salerno, 1999; IV ed. riveduta, ivi, 2017.

M. Vannucci, *Dante. L'uomo della Commedia. Vita disperata, odio e amore, passione politica di un grande protagonista*, Roma, Newton Compton, 2003.

E. Brilli-Giuliano Milani, *Vite nuove. Biografia e autobiografia di Dante*, Collana Saggi, Roma, Carocci, 2021.

A. Barbero, *Dante*, Roma-Bari, Laterza, 2020.

J. Took, *Dante. Amore, essere, intelletto. Una summa magistrale della vita e dell'opera* (*Dante*, 2020), Introduzione di Piero Boitani, Collana Saggi, Roma, Donzelli, 2021.

G. Inglese, *Vita di Dante. Una biografia possibile*, Roma, Carocci, 2018.

M. Santagata, *Dante. Il romanzo della sua vita*, Milano, Mondadori, 2012.

G. Gorni, *Dante. Storia di un visionario*, Collana Storia e Società, Roma-Bari, Laterza, 2008.

SOMMARIO

www.ingramcontent.com/pod-product-compliance
Lightning Source LLC
LaVergne TN
LVHW031433170726
843492LV00010B/2988